中國奇蹟與中國制度

李君如　著

U0114753

開明書店

簡短的開場白

「凡將立國，制度不可不察也。」制度優勢是一個國家的最大優勢，制度競爭是國家間最根本的競爭。制度穩則國家穩。新中國成立七十餘年來，中華民族之所以能迎來從站起來、富起來到強起來的偉大飛躍，最根本的是因為黨領導人民建立和完善了中國特色社會主義制度，形成和發展了黨的領導和經濟、政治、文化、社會、生態文明、軍事、外事等各方面制度，不斷加強和完善國家治理。這是習近平總書記在黨的十九屆四中全會第二次全體會議上說的。[1]

2019 年 9 月上旬在上海舉行的第八屆世界中國學論壇上，一位外國女外交官以切身體會說道：「比起經濟上的成就，讓我印象很深的是，中國有一套先進的制度。」[2] 應該講，這位外交官的觀察是很仔細的，她的思考也是很深刻的。確實，新中國成立七十餘年來，中國共產黨領導人民在社會主義現代化道路上實現了中國和平崛起，創造了舉世矚目的跨越式發展奇蹟。黨的十九屆四中全會把中國奇蹟概括為「兩大奇蹟」：經濟快速發展的奇蹟和社會長期穩定的奇蹟。這些奇蹟，不是誰恩賜的，是勤勞聰明的中國人民自己創造的，是中國人民在具有強大生命力和巨大優越性

1　習近平：〈堅持和完善中國特色社會主義制度 推進國家治理體系和治理能力現代化〉，《求是》2020 年第 1 期，第 4 頁。

2　《文匯報》2019 年 9 月 11 日。

的中國制度和國家治理體系下創造的。或者説，中國奇蹟來自中國制度和國家治理體系的強大生命力和巨大優越性。

如果了解了中國制度形成和發展的歷史，我們甚至還可以這樣説，不僅在中國奇蹟的背後有着中國制度的貢獻，而且中國制度本身就是中國奇蹟一個極其重要的方面。不是嗎？世界上有中國這樣的制度嗎？中國制度本身就是中國人的創造，是中國人創造的制度奇蹟。

創造一個人民當家作主的，具有強大生命力和巨大優越性的國家制度，是中國共產黨在創建新中國時就已經立下的宏大理想。你若不信，可以讀一讀毛澤東代表中國共產黨發表的建國綱領《論人民民主專政》。改革開放以來，鄧小平也發表過《黨和國家領導制度的改革》，提出了制度改革的綱領。繼黨的十八屆三中全會把「完善和發展中國特色社會主義制度，推進國家治理體系和治理能力現代化」確立為全面深化改革的總目標以來，中國的制度建設和治理能力建設在以習近平同志為核心的黨中央領導下取得了歷史性的進步。

特別是，中共十九屆四中全會又在黨的歷史上第一次通過了《堅持和完善中國特色社會主義制度，推進國家治理體系和治理能力現代化若干重大問題的決定》，作出了同中共十九大制定的現代化綱領相匹配的制度建設和治理能力建設的戰略部署。

中共十九屆四中全會後，海內外對中國制度關心的人越來越多。改革開放以來，特別是最近十多年來，我對中國制度和國家治理體系的研究比較關注，發表了一些文章。這次在這裏用一本小書的篇幅，和大家討論一個大問題：「中國奇蹟與中國制度」。

目　錄

第三章　中國制度與堅定「四個自信」

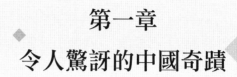

第一章
令人驚訝的中國奇蹟

從《上海的答卷》說起

為慶祝上海這個國際大都市解放七十周年,應《解放日報》之稿約,我回顧了上海解放以來一些重大歷史事件並重溫了歷史上一些重要文獻,寫了一篇具有理論思考特點的文章,題為《上海的答卷》。

之所以以此為題來慶祝上海解放紀念日,是因為在歷史的回顧和重溫中,我注意到上海解放七十周年的歷史性巨變,在新中國成立七十周年歷史性巨變中具有標誌性的歷史意義。上海人民在中國共產黨的領導下,在這七十年裏交出了一份份可以評為優等的答卷。回顧和思考上海是怎麼交出這樣的答卷的,是一件很有意義的事。

上海人民在解放以來交出了哪些有意義的答卷呢?

第一份答卷:「執政大城市的能力」

解放上海,意味着我們黨要在中國最大的城市執政,這對中國共產黨是一個極大的考驗,對上海黨組織和上海人民尤其是直接的大考驗。1948 年底,毛澤東在西柏坡對解放上海後要擔任市長重任的陳毅說:「進上海我們是打不得一點兒敗仗的。美國有人預測說,我們共產黨進得了大上海,不出三個月就要退出來。我們接管上海,管理上海,這是我們執政大城市的能力考驗。」

對於中國共產黨來講，執政是一個重大考驗：在大城市執政更是重大考驗中的重大考驗。這樣的考驗，尤其體現在執政能力上。對此，毛澤東講得很深刻：奪取全國勝利，這只是萬里長征走完了第一步，嚴重的經濟建設任務擺在面前，需要學會自己不懂的東西，學會管理城市，學會管理生產的方法，學會商業工作、銀行工作和其他工作，提高做好經濟工作的本領。否則，「我們就不能維持政權，我們就站不住腳，我們就會要失敗」。執政能力，就是黨提出和運用正確的理論、路線、方針、政策和策略，採取科學的領導制度和領導方式，動員和組織人民依法管理國家和社會事務、經濟和文化事業，有效治黨治國治軍，建設人民當家作主的新國家的本領。毛澤東對陳毅提出的要求，向解放上海、接管上海、管理上海、建設上海的中國共產黨人，向上海的工人階級和廣大市民，出了一道大考題。

七十年來，從上海解放的第一天，部隊以露宿街頭、不入民宅，向上海人民交出特殊的「見面禮」開始，上海的黨組織和上海人民在接管、管理、建設上海過程中經受了無數的嚴峻考驗，創造了中國共產黨領導大城市、建設大城市、治理大城市的成功經驗；尤其是上海工人階級在黨的領導下，在革命、建設、改革和大上海的城市治理中發揮了「領頭羊」的作用。長期以來，上海都在國內被公認是經濟發達、政治清明、文化繁榮、社會安全、生態良好、國際化程度高、百姓宜居宜創業的大都市。可以說，上海在「執政大城市的能力」這個大考題上，交出一份可以評為優等的考卷。

上海是怎麼交出這一份考卷的？

「全心全意依靠工人階級」，是上海在「執政大城市的能力」問題上的最大優勢。上海是中國工人階級最集中的地方，是工人階級以獨立的政治力量登上歷史舞台的地方，是中國工人階級的政黨中國共產黨誕生的地方。因此，無論在解放上海、接管城市的護廠鬥爭中，還是在建國初同不法資本家的金融和經濟鬥爭中，以及消除匪患、破獲敵特鬥爭中；無論是在推進社會主義改造，特別是推進工商業公私合營、農業和手工業合作化進程中，在社會主義建設高潮特別是實現社會主義工業化進程中，還是在克服經濟和社會生活各種困難的時候；無論是在浦東開發開放進程中，還是在產業結構大調整時的下崗和城市建設中的動遷以及由此帶來的種種考驗面前，上海工人階級都發揮了無與倫比的模範作用。可以說，在上海，「執政大城市的能力」就是「全心全意依靠工人階級」的能力。

「加強基層黨組織建設」，是上海在「執政大城市的能力」問題上的最大特點。上海解放前就已經在工廠、學校甚至國民黨政府機關裏建立了強有力的基層黨組織，他們在配合和協助人民解放軍解放上海時發揮了重要的作用。七十年來，上海作為中國共產黨的誕生地，人民群眾對黨有特別深厚的感情。與此同時，黨也十分重視自身建設。俗話說：「根深才能葉茂。」上海特別重視基層黨組織建設，並根據各個時期經濟社會發生的變動創造了許多加強基層黨組織建設的經驗。改革開放以來，無論怎麼改，黨組織的地

位和作用不僅不會被改掉，而且越來越加強。因此，上海的基層黨組織特別有戰鬥力，不僅在經濟建設和文教事業發展中，而且在社會建設和社會治理中，都能夠圍繞黨的中心任務創造性地開展工作。這是上海加強「執政大城市的能力」建設的最大特點。

第二份答卷：「將窮鬼送走」

中國共產黨成立的初心，是為人民謀幸福，為民族謀復興。改變中國「一窮二白」的面貌，把一個落後的農業國建設成為先進的工業國，這是中國共產黨在民主革命時期就立下的宏願。在社會主義基本制度建立後，毛澤東和黨中央進一步提出了實現「四個現代化」的任務。上海作為中國的工業、商業和金融中心，從毛澤東開始，到鄧小平、江澤民、胡錦濤，一直到習近平，歷屆黨中央領導都十分關心上海的發展。他們的足跡踏遍了上海許多工廠、農村和學校，期望上海為社會主義現代化建設發揮帶頭作用。

1956 年 12 月 7 日，毛澤東在會見陳叔通、黃炎培等民建和工商聯負責人時，上海市政協副主席胡厥文、上海市工商聯副主任委員榮毅仁、上海市副市長盛丕華等都參加了座談，並同毛澤東進行了坦誠親切的交談。毛澤東針對上海黨外朋友提出的問題，回答說：「現在我國的自由市場，基本性質仍是資本主義的，雖然已經沒有資本家。它與國家市場成雙成對。上海的地下工廠同合營企業也是對立物。因為社

會有需要，就發展起來。要使它成為地上，合法化，可以雇工。」「這叫新經濟政策。我懷疑俄國的新經濟政策結束得早了，只搞了兩年退卻就轉為進攻，到現在社會物資還不充足。」最後，毛澤東還提出了一個需要長期奮鬥的重要任務，說：「韓愈有一篇文章叫《送窮文》，我們要寫送窮文。中國要幾十年才能將窮鬼送走。」改革開放新時期，鄧小平又進一步指出，「貧窮不是社會主義」，「社會主義的特點不是窮，而是富，但這種富是人民共同富裕」。

上海在新中國成立後，無論在社會主義建設高潮中，還是在改革開放新時期，各級黨組織和廣大人民群眾幾十年艱苦奮鬥、開拓創新，為中國建立獨立的工業體系和國民經濟體系，為加快實現中國的社會主義現代化，發揮了積極的作用。尤其是，上海作為全國的財源大戶，顧全國家發展大局，為穩定和增加國家財政收入作出了突出的貢獻。多年來，上海地方財政收入上交中央的數額一直在全國名列前茅。同時，上海市委市政府心繫人民群眾，在領導經濟建設的同時，千方百計增加城鄉居民收入，千方百計解決住房、教育、醫療、養老等民生問題，千方百計關心兒童、婦女、老人、殘疾人等特殊群體的生活，同時不斷提高職工最低工資標準，增加生活困難群體的收入，加強廣覆蓋的社會保障。可以這樣說，上海為實現「將窮鬼送走」，讓人民群眾「富起來」，堅持不懈，持續奮鬥，交出了一份合格的答卷。

第三份答卷：「改革開放姓『社』不姓『資』」

改革開放以來，以鄧小平為代表的中國共產黨人堅持解放思想、實事求是的思想路線，從中國處在社會主義初級階段的國情出發，創造性地開闢了中國特色社會主義道路。正由於改革開放的這種獨創性，一路上各種干擾不絕、思想交鋒不斷，上海作為改革開放的前沿城市，更是面臨着嚴峻的考驗。

1992 年 2 月 12 日上午，鄧小平視察上海閔行開發區和馬橋鄉旗忠村。在閔行開發區紫藤賓館聽取匯報時，鄧小平指出：到本世紀末，上海浦東和深圳要回答一個問題，姓「社」姓「資」，兩個地方都要做標兵。要回答改革開放有利於社會主義，不利於資本主義。這是個大原則。要用實踐來回答。實踐這個標準最硬，它不會作假。要用上百上千的事實來回答改革開放姓「社」不姓「資」，有利於社會主義，不利於資本主義。他在談話結束時，再次重申：「上海要回答這個問題」。

我們知道，鄧小平十分看重上海在中國改革開放中的地位和作用。他說過「上海人聰明」，說過「上海民心比較順，這是一股無窮的力量。目前完全有條件搞得更快一點」。在 20 世紀 80 年代末 90 年代初，中國改革開放面臨嚴峻挑戰的歷史時刻，他打出「上海牌」以對付西方的經濟制裁，又以上海的實踐為基礎提出計劃經濟不等於社會主義、市場經濟不等於資本主義這一振聾發聵的思想。特別是，他親自提出浦東開發開放，這個影響整個上海乃至於整個中國快速發展的歷史性大決策，並親自推動這一重大決策的落實。上海

人民今天享受到的美好生活，都離不開鄧小平對上海的關愛。

令人高興的是，自改革開放以來特別是浦東開發開放以來，上海用實踐、用事實對鄧小平提出的「改革開放姓『社』不姓『資』，有利於社會主義，不利於資本主義」這個重大問題，作出了鮮明的回答。上海人懂得，社會主義的本質，是解放生產力，發展生產力，消滅剝削，消除兩極分化，最終達到共同富裕；我們搞的市場經濟是社會主義市場經濟；物質文明和精神文明兩個文明都搞好，才是中國特色社會主義；社會和諧，也是中國特色社會主義的本質屬性。今天，上海的社會主義物質基礎從來沒有像今天這樣雄厚，上海的兩個文明建設從來沒有像今天這樣協調，上海的人際關係從來沒有像今天這樣和諧。今天的上海，改革開放以來的上海，無論在經濟基礎，還是在上層建築包括思想文化領域，儘管還存在許多不完善的地方，但是佔主導地位的都是社會主義。上海又一次交出了一份堪稱優秀的答卷。

第四份答卷：「當好全國改革開放排頭兵、創新發展先行者」

伴隨着中國特色社會主義進入新時代，上海也進入了更加大有可為的新時代。黨的十八大以來，習近平總書記在全國人大期間參加上海代表團審議時，「創新」成了他每次講話的熱詞。他希望上海要立足全局、突出重點，堅定不移深化改革開放，不斷為創新發展注入新的動力和活力；要抓住時機，瞄準世界科技前沿，全面提升自主創新能力，力爭在基

礎科技領域作出大的創新、在關鍵核心技術領域取得大的突破。特別是，他多次強調，上海要「當好全國改革開放排頭兵、創新發展先行者」。這是新時代上海要解答的新考題。

上海沒有辜負習近平總書記的期望，用自己的勇氣和智慧、決策和行動，創造了一個個改革創新的新業績。

——中國第一個自貿區，在上海起步探索。「中國（上海）自由貿易試驗區」掛牌後，引起了全世界的關注。中央要求上海必須「大膽闖、大膽試、自主改，儘快形成一批可複製、可推廣的新制度」，上海做到了；中央要求上海自貿試驗區擴區，探索浦東新區作為一級地方政府轉變職能的改革，上海做到了。今天，上海在探索負面清單管理制度新路中所創造的多項制度創新已經在全國各個自貿區複製、推廣。

——城市治理是國家治理體系和治理能力現代化的重要內容。習近平強調，一流城市要有一流治理，要注重在科學化、精細化、智能化上下功夫。既要善於運用現代科技手段實現智能化，又要通過繡花般的細心、耐心、巧心，繡出城市的品質品牌。上海按照習近平總書記的要求進行了認真的探索，致力於城市精細化管理，走出了一條符合特大城市特點和規律的社會治理新路子，提高了城市管理水平。

——城市基層黨建，也是習近平總書記關心的問題。他多次說，黨建工作的難點在基層，亮點也在基層。隨着經濟成分和就業方式越來越多樣化，在新經濟組織、新社會組織就業的黨員越來越多，要做好其中的黨員教育管理工作，引導他們積極發揮作用。習近平總書記希望上海在加強基層黨

建工作上繼續探索、走在前頭。上海多年來以創新為動力，創新了黨建工作思路和模式，比如為樓宇內各種所有制企業的基層黨組織和黨員提供學習指導、管理服務、活動平台的「樓宇黨建」。

此外，上海還在司法改革試點，規範領導幹部配偶、子女及其配偶經商辦企業管理工作，以及群團改革試點等方面，都按照習近平總書記的要求，進行了先行先試的制度創新。現在，為了更好為全國改革發展大局服務，上海正在按照習近平總書記的要求，努力完成增設上海自由貿易試驗區新片區、在上海證券交易所設立科創板並試點註冊制、實施長江三角洲區域一體化發展國家戰略這三項新的重大任務，構築新時代上海發展的戰略優勢。

應該說，上海在新中國成立七十餘年來交出了一份又一份優等的答卷，現在正在交出一份屬於新時代中國的新答卷。

上海的答卷，講的是上海的故事，實際上是新中國成立七十餘年來中國共產黨成功執政和中國人民艱辛探索的歷史縮影，是中國人民在中國制度下創造中國奇蹟的歷史縮影。

譜寫一部中部城市發展的華章

新中國七十餘年創造的奇蹟，不僅在上海這樣的國際大都市可以淋漓盡致地看到，而且在中國廣袤的中部地區也可以看到。

中國中部地區是一個正在崛起的地區。這個地區，東接沿海，西接內陸，按自北向南、自西向東排序包括山西、河南、安徽、湖北、江西、湖南六個相鄰省份。截至 2017 年底，中部地區國土面積約 102.8 萬平方公里，常住人口約 3.68 億人，生產總值約 17.94 萬億元，人均生產總值約 4.87 萬元。

2019 年 5 月 20 日至 22 日，習近平總書記到江西視察。江西省和其他中部地區一樣，正處在迅猛崛起的勢頭上。2019 年上半年，江西全省生產總值增長 9%，財政總收入增長 16.7%，一般公共財政預算收入增長 10.3%，規模以上工業增加值增長 9.1%，固定資產投資增長 11.7%，社會消費品零售總額增長 11.2%，實際利用外資增長 9.5%，主要經濟指標增幅繼續位居全國「第一方陣」。習近平總書記這次江西之行，有一個重要議程，就是要在這裏召開推動中部地區崛起工作座談會。

習近平總書記這次到江西視察有許多亮點：一是 20 日中午首先考察江西金力永磁科技股份有限公司。由於這家公司是一個從事戰略資源稀土的開發利用和提煉加工的公司，當時正處於中美經貿摩擦的關鍵時刻，全球都關注習近平總書記對這家稀土產業企業的考察。二是 20 日下午到中央紅軍長征出發地于都，參觀了紀念園、紀念館，向中央紅軍長征出發地紀念碑敬獻了花籃，還會見了于都縣紅軍的後代。習近平總書記在參觀時勗勵講解員要把這個紅色故事繼續講下去，讓更多的人知道，傳承紅色基因。他在離開于都時還說：「之所以來到于都，是因為這裏是長征出發地，就是要

讓全黨全國人民都不忘初心。我們要弘揚長征精神，不忘初心，不懼困難，一百年、三百年、五百年，永遠奮鬥下去！」在和于都群眾告別時，他還勉勵大家，「現在是新的長征，我們要重新再出發！」後來在推動中部地區崛起工作座談會和聽取江西省委省政府工作匯報會上發表的重要講話中，他再次提出中部地區革命老區多，要傳承和發揚紅色革命傳統；江西是一片充滿紅色記憶的紅土地。他深情地説：井岡山精神和蘇區精神，承載着中國共產黨人的初心和使命，鑄就了中國共產黨的偉大革命精神。這些偉大革命精神跨越時空、永不過時，是砥礪我們不忘初心、牢記使命的不竭動力。三是 21 日下午在南昌主持召開了推動中部地區崛起工作座談會。在聽取中部地區六省省委書記和國家發改委主任的匯報後，習近平總書記在講話中強調指出，推動中部地區崛起是黨中央作出的重要決策。他還對做好中部地區崛起工作提出了八點意見，包括要推動製造業高質量發展，提高關鍵領域自主創新能力，優化營商環境，積極承接新興產業佈局和轉移，擴大高水平開放，堅持綠色發展，做好民生領域重點工作，完善政策措施和工作機制。他強調指出，做好中部地區工作，對實現全面建成小康社會奮鬥目標、開啟我國社會主義現代化建設新征程具有十分重要的意義。當前，中部地區崛起勢頭正勁，中部地區發展大有可為。要緊扣高質量發展要求，乘勢而上，紮實工作，推動中部地區崛起再上新台階。我們注意到，習近平總書記在江西提出了兩個「再」：新長征再出發，中部地區崛起再上新台階。由此可見，以習近

平同志為核心的黨中央對中部地區的崛起何等重視！

事實上，在中國奇蹟中，中國中部地區的崛起就是一個不容忽視的奇蹟。

記得 2018 年我曾經去長沙參加一個研討會。那一年是中國改革開放四十周年，廣大理論工作者都在為迎接這個盛大的節日做準備，我也非常忙。但當有關方面邀請我參加在長沙舉辦的一個關於中國中部城市運營高峰論壇時，我猶豫了一下還是決定去參加。為什麼呢？因為這幾年我國中部城市發展迅速、捷報不斷。俗話說：「百聞不如一見。」我想藉此機會到長沙這個中部城市看一看、聽一聽，深入了解和學習中部城市這幾年快速發展的經驗。在那次會議上，我發表了題為《譜寫一部中部城市發展的華章》的講話。這個講話記錄了我對中國中部地區發展留下的深刻印象。

我在這篇講話中說：今年中部地區傳來的消息，最振奮人心的，是長沙進入了中國「萬億俱樂部」，成為全國 14 家「萬億俱樂部」的成員。2017 年，長沙市 GDP 增速達到 9%，生產總值為 1.02 萬億，是中部地區繼武漢後第二個破萬億城市。其中，規模工業增加值為 3540 億元，增速為 8.5%。固定資產投資 7570 億元，增長 13.3%。電子信息、汽車製造、軌道交通產業同比增速分別為 23.1%、26.5%、25.5%。長沙地區已經形成了工程機械、新材料、電子信息、食品、汽車製造、文化創意、旅遊等七大產業群。這些成績，在過去是無法想像的。這就促使我更想到長沙來聆聽和學習。這是我這次到長沙來參加中國中部城市運營高峰論壇的重要原因。

　　我在這篇講話中還説道：記得黨的十七大前，我接受任務到武漢調研時，是從西部城市西安過來的。而在離開西安前一天，是在陝西旬邑縣的農村調研，看到西部地區農村欣欣向榮的景象，很是高興。到武漢後，第一站也是選擇去鄉村，一下子就心頭發涼，兩地農村在農業生產、農田管理、道路建設、水污染治理和人的精神狀態等方面，居然有那麼大的差距，是我萬萬沒有想到的。然後再去武鋼等企業和城市社區調研。給我印象最深最好的，是百步亭社區的建設和管理，至今難忘。但是從整體來講，明顯感到中部地區落伍了，需要更為強勁的推動力，才能跟上全國的發展步伐。後來，中央出台了關於中部崛起的文件，還設立了專門的機構，來推進中部地區的改革發展，我感到很欣慰。由於有這樣的經歷，我常常關注中部地區的發展。過去幾年，中部各地實施《促進中部地區崛起規劃》，以 2015 年為目標，努力實現經濟發展水平顯著提高、發展活力明顯增強，取得了令人高興的成績。我現在非常關心的是，2015 年目標實現後，中部地區將怎樣在此基礎上進一步實現跨越式發展。這是我到這裏來學習的重要目的。

　　我説：之所以提出 2015 年目標實現後，中部地區將怎樣在此基礎上進一步實現跨越式發展的問題，主要是因為我們必須抓住歷史機遇，乘風破浪，繼續奮進。

　　首先，我們要認識到，對中部地區來説，正處在一個極好的歷史機遇期。今天的中國，東中西已經形成了三條經濟帶。東部地區主要是靠科技創新來提升經濟水平，我們知

道，科技要上去是很難的，他們正在接受這一挑戰。西部地區主要還是靠發展勞動力密集型產業來拉動經濟，這是經濟起飛階段的普遍特點。中部地區目前主要是靠投資拉動經濟，這方面我們有成套的經驗，而東部地區和世界各地有大量的投資要找出路，這對中部地區的經濟發展來說是一個極好的機遇。長沙 2017 年固定資產投資增長 13.3%，不是偶然的。我想強調的是，長沙不僅抓住了這一歷史機遇，而且有前瞻的眼光。我注意到，長沙在盡力把投資往高端產業引導，包括向金融、科技、電子信息和文化等高端服務業引導，這和當年東部地區依靠投資拉動經濟的情況大不一樣，對於下一步轉入創新驅動型經濟打下了非常好的基礎。

其次，我們要認識到，中部地區城市雖然取得了令人注目的成績，但不能躺在已經取得的成績單上。一個人也好，一個地區也好，一個城市也好，要經常找差距，才能永遠保持清醒的頭腦，才能有追趕的目標。比如 2017 年長沙進入中國「萬億俱樂部」，同時進入的是誰？是江蘇省的無錫市。無錫是地級市，但經濟總量還比長沙多出 0.03 萬億元。在中部地區各大城市中，長沙破萬億，對武漢壓力最大，但武漢經濟總量現在要比長沙多 2875 億元。講到這些情況，有人會說，他們條件比我們好，不能比。各個地方的客觀條件確實有好有壞，但不是好的什麼都好，壞的什麼都壞，總是各有長短。我們要揚長避短，更要有自信、講科學、拚實幹。比如有的大城市，條件非常好，但這幾年一步一步往下掉。這說明條件是重要的，但不是不可改變的。我們了解這些情

況，知己知彼，是為了更好地發展自己。而且，一般來說，差距也好，困難也好，挑戰也好，恰恰是發展的動力，從而成為發展的機遇。湖南、長沙是中國實學的發源地之一，務實、求實、實幹是湖南人的好傳統，湖南具有這種文化上的極大優勢，而且已經形成了長株潭城市群，總面積達 9.96 萬平方公里，人口有 4000 多萬，GDP 佔全省 79%，發展潛力和後勁相當大。我相信，湖南可以創造出更大更多的奇蹟。

再次，我們要認識到，中部地區進一步快速發展，要確立中國特色的現代化理念和目標。我不知道大家在學習十九大報告的時候，有沒有注意到，報告中提出七大發展戰略中，第一次提出了「鄉村振興戰略」。這個戰略的提出，反映了我們對「現代化」有了全新的認識。過去，我們一直認為現代化就是工業化、信息化、城市化，儘管也講農業現代化，但主要力量用在城市的發展上。實踐證明，農村搞不上去，是要拖城市後腿的。現代化不能再以城市為中心了。因此，十九大提出要樹立城鄉融合發展理念，通過實施鄉村振興戰略，堅持農業現代化和農村現代化一體設計、一併推進，通過建立城鄉融合的體制機制，逐步實現城鄉居民基本權益平等化、城鄉公共服務均等化、城鄉居民收入均衡化、城鄉要素配置合理化，以及城鄉產業發展融合化。習近平總書記在廣東考察時，對廣東提出的四點要求中，第三點就是要提高發展的平衡性和協調性，加快推進廣東鄉村振興，建立健全促進城鄉融合發展的體制機制和政策體系。也就是說，在城市化和城鎮化進程中，我們寫了第一篇大文章，建

設了一批現代化的城市；我們正在寫第二篇大文章，建設一批現代化的城市群；我們還要寫第三篇大文章，在鄉村振興中推進城鄉融合發展，形成全新的城市建設大格局。我們要深入領會習近平總書記提出的這些重要的現代化思想。湖南是農業大省，在推進城市化的進程中更要注意這一點。總之，我們在這裏討論城市發展問題，必須注意中央新的要求是「城鄉融合發展」，而不是不顧鄉村的城市化和現代化。這對長期從事城市和城鎮建設的建設者來說，意味着什麼呢？意味着我們大有可為的舞台更大了，我們的前景更美好了。

　　我在長沙發表的這個講話，主旨就是反覆強調的一句話：解放思想，實事求是，抓住機遇，登高望遠，譜寫一部中部城市發展的華章。

　　在這裏，我認真重溫了 2019 年 5 月習近平總書記在江西主持召開的推動中部地區崛起工作座談會的講話精神，回憶了自己幾次到中部地區調研的經歷，翻閱了自己在長沙的講話，深深體會到：中國的奇蹟，不僅發生在上海那樣的東部沿海地區，也發生在中國中部地區。

黃土地正在變綠洲的中國西北部

　　新中國成立七十餘年來，特別是改革開放四十多年來，除了中國的東部地區、中部地區，長期落後的西部地區也發

生了巨大的變化。也許，中國中西部地區的發展變化更具有「中國奇蹟」的代表性。

英國《每日郵報》曾經報道過一座中國橋梁，稱它是「雲端上開車的建築奇蹟」。這座橋梁名叫「矮寨大橋」，是中國建造的讓人歎為觀止的眾多大橋中的一座，是世界上跨徑最大的跨峽谷鋼桁梁懸索橋。這座大橋坐落在湖南省湘西土家族苗族自治州的大山間，橋面距離谷底 355 米，被海內外遊客稱為「天上的橋」。這座大橋不僅是自駕遊湘西必經之路，更是湘西的一處世界奇觀。需要指出的是，這座大橋是我國高速公路重點規劃的八條西部公路大通道之一 —— 湘渝高速公路上的大橋。這些高速公路和大橋的建造，從基礎設施上改變了西部地區人民群眾的生存和發展條件。

中國西部發生的這種變化，發生在基礎設施領域，更發生在生態治理領域。一位甘肅的朋友，在 2019 年夏天多次來電邀請我去他們那裏看看，說今天的蘭州已經和過去大不一樣，最大變化是雨水充足，黃土地正在變綠洲。我在電話中和朋友交談時回憶起，過去從蘭州機場到市區，幾十公里路的兩邊都是寸草不長的禿山。黨中央作出西部大開發決定後，我親眼見到蘭州各個單位在自己承包的山頭引水灌澆剛剛種下去的樹苗。當時就說，將來這批樹苗成活後，必定會改變這裏的生態。沒有想到，僅僅幾年，變化就發生了。2019 年 2 月，美國航天局根據衛星數據進行的一項研究成果表明，全球從 2000 年到 2017 年新增的綠化面積中，約有四分之一來自中國，貢獻比例居世界第一。蘭州的變化，可以

說是中國西部地區特別是西北部地區變化的一個縮影。

為此，我查閱了西北部地區生態治理的資料。西北地區是中國荒漠化、沙化土地分佈最廣的地區。西部大開發的 20 多年，也是西北地區生態治理快速發展的 20 多年。據第五次全國荒漠化和沙化土地監測數據顯示，我國西北地區的荒漠化土地和沙化土地面積自 2004 年起連續 10 年保持雙縮減紀錄。中國防沙治沙的成功實踐，已經被寫進《聯合國防治荒漠化公約》締約方代表共同起草的《鄂爾多斯宣言》。

《人民日報》記者在一篇報道中介紹了內蒙古自治區鄂爾多斯市達拉特旗官井村治理荒漠化和沙化土地的經驗，讓人非常震撼。官井村是位於達拉特旗庫布齊沙漠邊緣的一個小村。在 20 世紀 80 年代時，這裏的土地就已經嚴重沙化，全村只剩下一棵孤零零的柳樹。經過堅持不懈的治理，現在這裏已經是綠林縈繞，一棵樹變成了 19 萬畝樹林。有數據顯示，庫布齊沙漠生態治理率已經達到 25%，實現了人進沙退的轉變。

《人民日報》的文章說，在中國的大西北，由黃變綠的生態奇蹟不斷上演着。新疆依託林草重點工程完成沙化土地治理 1941.73 萬畝。在南疆和田地區，20 年前森林覆蓋率僅有 0.4%，如今已經提升到 1.62%；災害性天氣從最嚴重的一年 260 多天到如今的 170 多天，沙塵天氣減少了 90 天左右。內蒙古採取封山育林、飛播造林等綜合措施開展生態恢復，重點治理區初步形成喬灌草、點線面、帶網片相結合的區域性防護體系。毛烏素、科爾沁、呼倫貝爾三大沙地均實現沙化

土地淨減少的歷史性逆轉，進入恢復利用沙漠的新階段。中國科學院西北生態環境資源研究院院長向《人民日報》記者介紹說，我國乾旱區沙漠、沙地面積在 1990 年前是增加，1990年後是減少，到 2010 年就減少到 20 世紀 60 年代的水平。

讓人感到更加高興的是，如今的沙漠治理已不再是單純的治沙增綠，而是致力於探索將「治沙」和「治窮」相結合，通過持續推廣沙生植物種植，幫助那裏的農民走上了致富之路。他們在嚴格保護和有效治理的前提下，着力打造一批特色林果業基地，發展精深加工業、能源、沙漠旅遊業等，建設沙產業帶。比如新疆和田地區通過對治沙綠化進行科學的規劃，不僅拓展了人的生存空間，而且為產業落地、嵌入式發展提供可能。目前和田地區有紅柳大芸 30 萬畝，梭梭大芸約 2 萬畝，建成多家以沙為主原料的建材企業。也就是説，西北地區生態治理模式正在發生着深刻轉變，造林式治理正轉向產業化發展與生態治理協調發展，「沙」的資源價值正在被不斷發掘出來，沙產業如火如荼。當地人民感歎地説，沙中不僅能「生綠」，更能「生財」。

舉世矚目的脫貧攻堅戰

向貧困宣戰，是中國共產黨建立新中國以來矢志不渝追求的目標。特別是改革開放以來，中國共產黨一手抓「致

富」，一手抓「扶貧」。領導人民在勞動致富、創業致富、創新致富的同時，實行「扶貧」政策，將扶貧開發納入了國家發展戰略，幫助困難群體脫貧致富。正是這樣的「兩手政策」，使得中國在實現經濟快速發展的同時避免了許多人擔心的「拉美陷阱」，創造了中國奇蹟。

特別是，黨的十八大以來，在以習近平同志為核心的黨中央領導下，中國打響了「脫貧攻堅戰」。到 2019 年底，全國累計減貧 9300 多萬人。到 2020 年 11 月 23 日，國務院扶貧辦確定的全國 832 個貧困縣全部脫貧摘帽，全國脫貧攻堅目標任務已經完成，5575 萬農村貧困人口實現脫貧。今天，中國已經成為世界上減貧人口最多的國家，也是世界上率先完成聯合國千年發展目標的國家，為世界扶貧事業做出了巨大貢獻，獲得了世人交口稱讚，這也充分體現了中國政府的執行力和中國制度的優越性。

黨的十八大後，以習近平同志為核心的黨中央提出，脫貧攻堅已經到了啃硬骨頭、攻堅拔寨的衝刺階段，必須以更大的決心、更明確的思路、更精準的舉措、超常規的力度，眾志成城實現脫貧攻堅目標，決不能落下一個貧困地區、一個貧困群眾。脫貧攻堅的目標是，到 2020 年，穩定實現農村貧困人口不愁吃、不愁穿，義務教育、基本醫療和住房安全有保障。實現貧困地區農民人均可支配收入增長幅度高於全國平均水平，基本公共服務主要領域指標接近全國平均水平。確保我國現行標準下農村貧困人口實現脫貧，貧困縣全部摘帽，解決區域性整體貧困。

在確定脫貧攻堅的目標後，中共中央、國務院在 2015 年 11 月 29 日作出的關於打贏脫貧攻堅戰的決定，把「實施精準扶貧方略，加快貧困人口精準脫貧」作為工作重點。

精準扶貧，首先就是精準識別貧困戶。全國組織了數百萬工作組和志願者進村入戶，為貧困戶建檔立卡，為打贏脫貧攻堅戰打好基礎。與此同時，對建檔立卡貧困村、貧困戶和貧困人口定期進行全面核查，建立精準扶貧台賬，實行有進有出的動態管理。

精準扶貧，最重要的，是精準幫扶。各地根據致貧原因和脫貧需求，對貧困人口實行分類扶持。各地按照扶持對象精準、項目安排精準、資金使用精準、措施到戶精準、因村派人精準、脫貧成效精準的要求，使建檔立卡貧困人口中有 5000 萬人左右通過產業扶持、轉移就業、易地搬遷、教育支持、醫療救助等措施實現脫貧，其餘完全或部分喪失勞動能力的貧困人口實行社保政策兜底脫貧。

精準扶貧，同時是多策並舉，全方位扶貧。黨中央和國務院提出，要發展特色產業脫貧，引導勞務輸出脫貧，實施易地搬遷脫貧，結合生態保護脫貧，着力加強教育脫貧，開展醫療保險和醫療救助脫貧，實行農村最低生活保障制度兜底脫貧，探索資產收益扶貧，健全留守兒童、留守婦女、留守老人和殘疾人關愛服務體系，加快交通、水利、電力建設，加大「互聯網＋」扶貧力度，加快農村危房改造和人居環境整治，重點支持革命老區、民族地區、邊疆地區、連片特困地區脫貧攻堅，為打贏脫貧攻堅戰採取了一系列有力舉措。

　　精準扶貧，更是強化政策保障，健全脫貧攻堅支撐體系。黨中央和國務院為打贏脫貧攻堅戰，提出要加大財政扶貧投入力度，加大金融扶貧力度，完善扶貧開發用地政策，發揮科技、人才支撐作用，等等。與此同時，強調要廣泛動員全社會力量，合力推進脫貧攻堅。包括健全東西部扶貧協作機制，健全定點扶貧機制，健全社會力量參與機制，還提出要構建社會扶貧信息服務網絡，探索發展公益眾籌扶貧。

　　精準扶貧，還建立了貧困戶脫貧認定機制。對已經脫貧的農戶，在一定時期內讓其繼續享受扶貧相關政策，避免出現邊脫貧、邊返貧現象，切實做到應進則進、應扶則扶。黨中央和國務院提出，要抓緊制定嚴格、規範、透明的國家扶貧開發工作重點縣退出標準、程序、核查辦法。重點縣退出，由縣提出申請，市（地）初審，省級審定，報國務院扶貧開發領導小組備案。重點縣退出後，在攻堅期內國家原有扶貧政策保持不變，抓緊制定攻堅期後國家幫扶政策。加強對扶貧工作績效的社會監督，開展貧困地區群眾扶貧滿意度調查，建立對扶貧政策落實情況和扶貧成效的第三方評估機制。評價精準扶貧成效，既要看減貧數量，更要看脫貧質量，不提不切實際的指標，對弄虛作假搞「數字脫貧」的，要嚴肅追究責任。

　　實踐證明，中國共產黨之所以能夠在脫貧攻堅戰中取得舉世矚目的成就，關鍵在於切實加強了黨的領導，為脫貧攻堅提供了堅強的政治保障。許多到中國貧困縣考察過的國內外專家學者和媒體都注意到，中國在脫貧攻堅戰中有一個

強有力的黨的領導制度。在這一制度體系中，黨中央、國務院主要負責統籌制定扶貧開發大政方針，出台重大政策舉措，規劃重大工程項目；省（自治區、直轄市）黨委和政府對扶貧開發工作負總責，抓好目標確定、項目下達、資金投放、組織動員、監督考核等工作；市（地）黨委和政府則要做好上下銜接、域內協調、督促檢查工作，把精力集中在貧困縣如期摘帽上；縣級黨委和政府承擔主體責任，書記和縣長是第一責任人，做好進度安排、項目落地、資金使用、人力調配、推進實施等工作。與此同時，還要層層簽訂脫貧攻堅責任書，扶貧開發任務重的省（自治區、直轄市）黨政主要領導要向中央簽署脫貧責任書，每年要向中央作扶貧脫貧進展情況的報告。省（自治區、直轄市）黨委和政府要向市（地）、縣（市）、鄉鎮提出要求，層層落實責任制。中央和國家機關各部門要按照部門職責落實扶貧開發責任，實現部門專項規劃與脫貧攻堅規劃有效銜接，充分運用行業資源做好扶貧開發工作。

中國的兩大奇蹟

新中國成立七十年來，特別是改革開放 40 多年來，中國創造的奇蹟表現在各個領域各個地區各個方面，不勝枚舉，黨的十九屆四中全會把它概括為「兩大奇蹟」：「創造了世所

罕見的經濟快速發展奇蹟和社會長期穩定奇蹟。」[1]

　　統計數據告訴我們，黨的十九屆四中全會關於「兩大奇蹟」的概括是符合事實的：

　　1952 年，中國的 GDP 總值僅 679.1 億元，2019 年增加到 990865 億元增加了 1458 倍。經濟總量從 2010 年起一直穩居世界第二。

　　1952 年，中國人均 GDP 僅 119 元，2019 年增加到 70892 元，增加了 595 倍。

　　1949 年，中國的貿易進出口總額僅 41.3 億元，2019 年增加到 315505 億元，70 年間增加了 7638 倍。

　　雖然我國的人均 GDP 在世界上還排在 70 名以後，但我國政權長期穩定、物資供應充足、民族團結友好、社會秩序良好、生態環境越來越好，人民的幸福感、安全感要比那些人均 GDP 排名比我們高的許多國家要好。

　　我們完全可以用「換了人間」這四個字來形容新中國發生的天翻地覆的歷史性巨變。我們都知道，過去，毛澤東經常用「一窮二白」這四個字來形容我國貧窮落後的特點，「窮」指的是經濟上的落後，「白」指的是教育、科學、文化上的落後。他說過：「現在我們能造什麼？能造桌子椅子，能造茶碗茶壺，能種糧食，還能磨成麵粉，還能造紙，但是，一輛汽車、一架飛機、一輛坦克、一輛拖拉機都不能造。」[2] 中國共

1　《人民日報》2019 年 11 月 6 日。

2　《毛澤東文集》第 6 卷，人民出版社 1999 年版，第 329 頁。

產黨領導人民大革命，就是要在推翻帝國主義、封建主義、官僚資本主義反動統治後，解放和發展社會生產力，把中國從一個落後的農業國轉變為先進的工業國，把一個半殖民地半封建的中國轉變為社會主義的中國。

中國共產黨說到做到。在新中國成立前夕，毛澤東曾經這樣說過：「中國人民將會看見，中國的命運一經操在人民自己的手裏，中國就將如太陽升起在東方那樣，以自己的輝煌的光焰普照大地，迅速地蕩滌反動政府留下來的污泥濁水，治好戰爭的創傷，建設起一個嶄新的強盛的名副其實的人民共和國。」[1]這種充滿詩的激情的豪言壯語，很快就變成了活生生的現實。令世人矚目的是，中國共產黨在新中國成立後，僅僅三年就恢復了被戰爭破壞的經濟；在第一個五年計劃中就已經建立了一批現代的基礎工業；到改革開放前已經建立了獨立的比較完整的工業體系和國民經濟體系。尤其是改革開放以來，中國經濟迅速發展，到 2010 年已經成為世界第二大經濟體。現在，中國已經是世界第一製造大國和貨物貿易大國、第一外匯儲備大國，經濟實力、科技實力、國防實力、綜合國力都已經進入世界前列。與此同時，中國也長期保持了人民安居樂業、民族團結友愛、社會和諧穩定、國家繁榮昌盛的局面。

在黨的十九屆四中全會第二次全體會議上，習近平總書記對「世所罕見的經濟快速發展奇蹟和社會長期穩定奇蹟」

---

1 《毛澤東選集》第 4 卷，人民出版社 1991 年版，第 1467 頁。

這兩大奇蹟作了深刻的論述。他説：「我國國家制度和國家治理體系管不管用、有沒有效，實踐是最好的試金石。新中國成立七十年來，我們黨領導人民創造了世所罕見的兩大奇蹟。一是經濟快速發展奇蹟。我國大踏步趕上時代，用幾十年時間走完了發達國家幾百年走過的工業化進程，躍升為世界第二大經濟體，綜合國力、科技實力、國防實力、文化影響力、國際影響力顯著提升，人民生活顯著改善，中華民族以嶄新姿態屹立於世界的東方。二是社會長期穩定奇蹟。我國長期保持社會和諧穩定、人民安居樂業，成為國際社會公認的最有安全感的國家之一。可以説，在人類文明發展史上，除了中國特色社會主義制度和國家治理體系外，沒有任何一種國家制度和國家治理體系能夠在這樣短的歷史時期內創造出我國取得的經濟快速發展、社會長期穩定這樣的奇蹟。」[1]

講「中國奇蹟」，不能不講到中國改革開放四十多年為創造「世所罕見的經濟快速發展奇蹟和社會長期穩定奇蹟」這兩大奇蹟所作出的巨大貢獻。在新中國七十年披荊斬棘、風雨兼程的歷史征程中，改革開放四十多年尤其值得人們大書特書。為慶祝中國改革開放四十周年，我曾經以《改革開放四十年的輝煌歷程》為題寫過一篇文章。文章的第一部分，標題是《近代以來中華民族偉大復興的重要里程碑》。我

1　習近平：〈堅持和完善中國特色社會主義制度　推進國家治理體系和治理能力現代化〉，《求是》2020 年第 1 期，第 9－10 頁。

是這樣寫的：

在慶祝改革開放四十周年大會上，習近平總書記深刻地指出：「建立中國共產黨、成立中華人民共和國、推進改革開放和中國特色社會主義事業，是五四運動以來我國發生的三大歷史性事件，是近代以來實現中華民族偉大復興的三大里程碑。」把改革開放放到建黨、建國同等重要的位置來評價，這在黨的歷史上是第一次。

為什麼說推進改革開放和中國特色社會主義事業是中華民族偉大復興的重要里程碑呢？

1.改革開放和中國特色社會主義是中國共產黨的偉大覺醒和偉大創造

什麼叫「偉大覺醒」「偉大創造」？

首先，改革開放和中國特色社會主義是我們在社會主義認識史上的偉大覺醒和偉大創造。中國共產黨自成立之日起，就把為社會主義和共產主義而奮鬥作為自己的奮鬥目標。但由於我們缺乏現成的經驗，長期以來對於什麼是社會主義、怎樣建設社會主義沒有完全搞清楚，在建設社會主義的進程中犯了許多錯誤。改革開放以來，我們在認真總結歷史經驗的基礎上，認識到社會主義的本質是解放生產力、發展生產力，消滅剝削，消除兩極分化，最終達到共同富裕；認識到社會主義的根本任務是發展社會生產力；認識到我國現在處在並將長期處在社會主義初級階段；認識到在中國堅持社會主義必須走自己的道路，建設有中國特色的社會主義；認識

到堅持以經濟建設為中心，堅持四項基本原則，堅持改革開放即堅持「一個中心、兩個基本點」是黨在社會主義初級階段的基本路線；認識到執政的中國共產黨必須始終代表中國先進生產力的發展要求，代表中國先進文化的前進方向，代表中國最廣大人民的根本利益；認識到發展必須是以人為本，全面、協調、可持續的發展；認識到社會主義必須是經濟、政治、文化、社會和生態文明「五位一體」的全面發展。諸如此類新思想新觀點的提出，是中國共產黨在社會主義理論和實踐上的偉大覺醒和偉大創造。

其次，改革開放和中國特色社會主義是我們在人類文明史認識上的偉大覺醒和偉大創造。中國共產黨自成立之日起，就順應時代潮流，學習和借鑒人類文明的優秀成果。新中國成立後，即使在外部封鎖的情況下，仍然堅持學習外國先進經驗。只是在「四人幫」倒行逆施的時候才在批判「洋奴哲學」的口號下推行閉關鎖國政策。全黨工作重點轉移到社會主義現代化建設以來，我們在對國內外形勢全面分析的基礎上，提出和平與發展是當今世界的時代主題；確定把對外開放作為我們的基本國策；指出社會主義也可以搞市場經濟；作出全面參與經濟全球化的戰略決策；發出共同建設「一帶一路」倡議；在國際社會提出了構建人類命運共同體的「中國方案」。諸如此類新思想新理念的提出，是中國共產黨在認識人類文明問題上的偉大覺醒和偉大創造。

再次，改革開放和中國特色社會主義是我們在中華民族文明傳統認識上的偉大覺醒和偉大創造。中國共產黨自成立之日起，就肩負起了實現中華民族偉大復興的歷史使命。在黨領導民主革命的進程中，毛澤東還提出了從孔夫子到孫中山的歷史遺產都要加以總結，確定了民族的科學的大眾的文化建設目標；新中國成立後，黨中央從教育到文化藝術、圖書出版、博物館等各個方面，全面加大了包括民族文化在內的社會主義新文化的建設力度。但是，後來隨着「左」的指導思想的發展，我們在文化建設上出現了一系列形而上學的做法。改革開放以來，我們提出社會主義現代化不僅包括物質文明，還包括精神文明，並把思想道德和教育文化同列為精神文明建設的重要內容。特別是黨的十八大以來，我們提出為實現中華民族偉大復興的中國夢而奮鬥的同時，在建設社會主義核心價值觀的進程中，大力弘揚中華民族優秀傳統文化；強調指出中國特色社會主義不僅是從改革開放偉大實踐、新中國成立以來的持續探索、中國共產黨領導的偉大社會革命中得來的，而且是從近代以來中華民族由衰到盛的歷史進程、中華文明 5000 多年的傳承中得來的。

正是改革開放和中國特色社會主義這樣的偉大覺醒和偉大創造，在中華民族偉大復興的歷史進程中豎起了一座重要的里程碑。

2. 改革開放和中國特色社會主義極大地改變了中國的面貌、中華民族的面貌、中國人民的面貌、中國共產黨的面貌

中國共產黨的偉大覺醒和偉大創造，結出了豐碩的果實，帶來了輝煌的成就。在慶祝改革開放四十周年大會上，習近平總書記從思想理論建設、經濟建設、政治建設、文化建設、社會建設、生態文明建設、軍隊建設、祖國統一大業、外交工作和黨的建設十個方面，全面總結了改革開放四十年所取得的歷史性的輝煌成就。

哪些輝煌的成就呢？一是彰顯了科學社會主義的鮮活生命力；二是中國人民在富起來、強起來的征程中邁出了決定性的步伐；三是展現出中國人民氣吞山河的強大力量；四是以改革開放精神豐富了民族精神的內涵；五是困擾我國人民幾千年的貧困問題總體上一去不復返了；六是我們的家園更加美麗宜人；七是人民軍隊已成為保衛人民幸福、保衛祖國和世界和平牢不可破的強大力量；八是全體中華兒女的民族認同感、文化認同感大大增強，同心共築中國夢的意志更加堅強；九是中國日益走近世界舞台中央，成為世界和平的建設者、全球發展的貢獻者、國際秩序的維護者；十是黨在革命性鍛造中堅定走在時代前列、始終是中國人民和中華民族的主心骨。

這十大成就，概括起來，就是習近平總書記所強調的「四個改變」：極大地改變了中國的面貌、中華民族的

面貌、中國人民的面貌、中國共產黨的面貌。因此，我們完全可以說，改革開放和中國特色社會主義在中華民族偉大復興的歷史進程中豎起了一座重要的里程碑。

3. 改革開放和中國特色社會主義迎來了中華民族復興史上「三大飛躍」

需要指出的是，改革開放和中國特色社會主義帶來的變化，不僅是量的歷史性巨變，而且是質的歷史性巨變。這就是習近平總書記強調的「三大飛躍」。

一是中華民族迎來了從站起來、富起來到強起來的偉大飛躍。從全黨把工作重點轉移到經濟建設以來，短短四十多年，我國就創造了舉世矚目的經濟奇蹟。國內生產總值已經由 3679 億元增長到 2019 年的 99 萬億元。全國居民人均可支配收入也由 171 元增加到 2019 年的 30733 元。特別是，在全國人民普遍富裕起來的同時，我國貧困人口累計減少 8 億多人，譜寫了人類反貧困史上的輝煌篇章。今天，我國已經是世界第二大經濟體、製造業第一大國、貨物貿易第一大國、商品消費第二大國、外資流入第二大國，我國外匯儲備連續多年位居世界第一，我國主要農產品產量也已經躍居世界前列。經濟建設領域取得的這些歷史性進步和成就，又為我們解決教育、醫療、低保、養老等社會問題，提升全民族的文化素養和道德水準，保護生態和治理污染，以及推進民主政治和法治建設，維護社會穩定和國家安全，充分發揮社會主義制度的優越性，都提供了堅實的物質基

礎。現在，我們正在為 2020 年全面建成小康社會，並在此基礎上到 2035 年基本實現社會主義現代化、2050 年把我國全面建成富強民主文明和諧美麗的社會主義現代化強國而奮鬥。

二是中國特色社會主義迎來了從創立、發展到完善的偉大飛躍。道路決定命運。改革開放以來，我們堅持解放思想、實事求是的思想路線，開闢了一條前所未有的中國特色社會主義道路；與此相聯繫，我們創立了中國特色社會主義理論體系，完善了中國特色社會主義制度，並形成了中國特色社會主義文化。過去 40 年，中國特色社會主義在總結中國和世界社會主義運動的歷史經驗中應運而生，在黨和人民從國情和世情出發的創造性實踐中探索發展，在同「左」的和右的各種錯誤思潮的鬥爭以及應對來自國內外的各種挑戰考驗中完善成熟。現在，中國特色社會主義已經牢牢紮根在中國大地，深入到中國人民的內心，成為十四億中國人民的思想導航和行動指南。

三是中國人民迎來了從溫飽不足到小康富裕的偉大飛躍。中國共產黨是全心全意為人民服務的黨，中國共產黨在改革開放中探索中國特色社會主義就是要改變中國人民溫飽不足的困擾，過上富裕幸福的現代化生活。40 年來，我們始終堅持以經濟建設為中心，在發展中保障和改善民生。人們感受最深的是，物資匱乏時代百姓生活離不開的票證，包括糧票、布票、肉票、魚票、油票、豆腐票、副食本、工業券等已經進入了歷史博

物館。今天，我國城鄉居民收入已經大幅度增加，2019 年城鎮居民人均收入達到 42359 元，農村居民人均可支配收入達到 16021 元。與此同時，我國教育事業全面發展，九年義務教育鞏固率達 93.8%；我國還建成了包括養老、醫療、低保、住房在內的世界最大的社會保障體系，基本養老保險覆蓋超過 9 億人，醫療保險覆蓋超過 13 億人；居民預期壽命由 1981 年的 67.8 歲提高到 2017 年的 76.7 歲。相比其他國家，我國社會大局保持長期穩定，成為世界上最有安全感的國家之一。

綜上所述，改革開放作為中國共產黨的偉大覺醒和偉大創造，極大地改變了中國的面貌、中華民族的面貌、中國人民的面貌、中國共產黨的面貌，使得中華民族、中國特色社會主義和中國人民迎來了偉大飛躍。正是在這樣的意義上，我們說推進改革開放和中國特色社會主義事業是近代以來中華民族偉大復興的重要里程碑。

我們知道，改革開放四十多年和改革開放前近三十年既相互區別又相互聯繫，在新中國歷史上具有特殊的地位和意義。在這裏，我們以改革開放四十多年取得的歷史性進步來詮釋「中國奇蹟」，不僅可以說明中國經濟社會發展進步的奇蹟表現在哪裏，還可以說明這樣的奇蹟是怎麼發生的以及我們的經驗在哪裏。

第二章
讀懂創造中國奇蹟的中國制度及其 12 個關鍵問題

中國奇蹟來自具有強大生命力和巨大優越性的中國制度

　　黨的十九屆四中全會通過的決定在強調「新中國成立七十年來，我們黨領導人民創造了世所罕見的經濟快速發展奇蹟和社會長期穩定奇蹟，中華民族迎來了從站起來、富起來到強起來的偉大飛躍」後，緊接着指出：「實踐證明，中國特色社會主義制度和國家治理體系是以馬克思主義為指導、植根中國大地、具有深厚中華文化根基、深得人民擁護的制度和治理體系，是具有強大生命力和巨大優越性的制度和治理體系」。也就是說，中國奇蹟來自具有強大生命力和巨大優越性的中國制度。

　　應該講，中國在過去短短七十年時間裏，就從一個一窮二白的國家發展到今天成為世界第二大經濟體，有許多原因，制度原因是最根本的原因。雖然至今中國還是一個發展中國家，但中國的國家制度優勢卻是越來越明顯。記得早幾年在一次國際交流中討論「中國威脅論」時，美國有位頗有影響的人士說，在美國，許多人講的中國「威脅」問題，包括貿易、匯率、知識產權和軍費透明度等問題，在我看來這些都不是對美國的威脅。美國人真正感到緊張的是，過去我們都認為世界上許多人都羨慕美國，證明美國人的價值觀、制度是世界最好的，現在出了一個中國，價值觀、制度都和美國不同，發展速度卻異乎尋常的快。這樣一來，世界上許

多人開始把羨慕的目光投向中國，甚至開始向中國學習而不再只向美國學習，這才是美國人感受到的真正「威脅」。也就是說，美國人真正感到「威脅」的，是中國制度及其無形的影響力。

2019年6月13日，《參考消息》有篇題為〈世界相信中國比美更具領導力〉的報道。這篇報道說：「經濟與和平研究所的一份新報告稱，在領導力方面，全世界人民對中國的信心超過對美國的信心。這是始於2016年的下降趨勢的一部分。」「這份名為《2019年全球和平指數》的報告說：『過去5年，對美國領導力信心的下降幅度超過了俄羅斯、中國和德國，平均而言，人們現在對中國領導力的信心超過了對美國的信心。』」

「經濟與和平研究所稱，自2008年以來，美國領導力的總體支持率下降了17個百分點，但近年來降幅最大。報告說，從2016年到2017年，全球對美國領導力的信心下降了11.2個百分點。報告還說，自2016年以來，幾乎所有地區對美國領導力的支持率都有所下降。」這是澳大利亞經濟與和平研究所2019年6月發表的《2019年全球和平指數》報告中的結論。該所創始人兼執行主席對美國商業內幕網站記者說：「過去4年，人們對中國（領導力）的信心有所增強。」領導力問題，實際上就是國家制度運行效果及其影響問題。從國際社會對中國領導力的認識中，可以注意到，人們已經開始從「中國奇蹟」深入到「中國制度」來認識中國發生的

歷史性變化和進步了。

2019 年 7 月 23 日上午，我應中國記協之邀出席了在京舉辦的第 130 期新聞茶座，作了題為「中國共產黨的執政能力和國家治理」的專題演講，並和外國駐京記者、駐華使館新聞官、港澳台記者和內地記者進行了交流，回答了他們的提問。在這個演講中，我帶去了英文版的《2019 年全球和平指數》報告，引用了這個報告中的某些觀點和結論。

我的演講，是從兩個案例講起的。這兩個案例，一個是中國脫貧攻堅戰，另一個是中國應對汶川地震這樣嚴重的自然災害。我說，脫貧攻堅戰取得的成就，體現了中國共產黨的決策執行能力；應對自然災害的表現，體現了中國共產黨的危機處理能力。中國共產黨的決策的執行能力和危機處理能力，都是黨的執政能力。而黨的執政能力，就是黨提出和運用正確的理論、路線、方針、政策和策略，領導制定和實施憲法和法律，採取科學的領導制度和領導方式，動員和組織人民依法管理國家和社會事務、經濟和文化事業，有效治黨治國治軍，建設社會主義現代化國家的本領。

我在演講中還解釋了什麼是「黨的執政能力」，指出它主要包括黨的決策和實施能力、社會動員和組織能力、社會和國家治理能力、突發事件和危機處理能力。我說，為了提高中國共產黨的執政能力，黨的十八大以來，決定把推進國家治理體系和治理能力現代化，完善和發展中國特色社會主義制度，確定為全面深化改革的總目標。圍繞這一改革目

標，黨的十九大以來大刀闊斧推進黨和國家機構改革。在進一步理順政治體制內部各種關係的基礎上，黨的領導力、政府執行力、武裝力量戰鬥力、群團組織活力全面加強。

　　顯然，我在演講中所說的「黨的執政能力」，和中國共產黨領導的國家制度和治理體系及其治理能力，是密切相關、直接相通的。習近平總書記在論述「完善和發展中國特色社會主義制度，推進國家治理體系和治理能力現代化」這一全面深化改革的總目標時，明確說過：國家治理體系和治理能力是一個國家制度和制度執行能力的集中體現。國家治理體系是在黨的領導下管理國家的制度體系，包括經濟、政治、文化、社會、生態文明和黨的建設等各個領域體制機制、法律法規安排，也就是一整套緊密相連、相互協調的國家制度。國家治理能力則是運用國家制度管理社會各方面事務的能力，包括改革發展穩定、內政外交國防、治黨治國治軍等各個方面。

　　我講的兩個案例，無論是脫貧攻堅，還是應對汶川地震這樣嚴重的自然災害，之所以能夠取得那麼大的成就，從黨的領導角度講，是中國共產黨的執政能力強；從國家治理角度講，是中國的國家制度和制度執行力及其集中體現的國家治理體系和治理能力強。

　　因此，要搞清楚中國奇蹟是怎麼發生的，必須深入研究中國制度，深入研究中國的治理體系和治理能力。

中國特色社會主義制度的建立、改革和完善

研究「中國制度」，了解「中國制度」，首先要認識到中國的經濟政治制度是中國人民在中國共產黨領導下，經過長期艱辛的探索，從中國實際出發建立健全起來的。可以說，新中國成立以來七十餘年，是建立、改革和完善中國制度的七十餘年，是堅持中國特色社會主義制度建設和制度創新的七十餘年。

考察中國特色社會主義制度的建立、改革和完善過程，我們注意到，從新中國成立以來，撇除「文化大革命」時期各地建立「革命委員會」這一曲折，中國特色社會主義制度建立健全的發展歷程，經歷了四個發展階段。

第一階段，從新中國成立到改革開放前，中國制度和治理體系初步形成。

中國的制度有中國的背景、中國的特色。我們建立的中國特色制度，包括人民民主專政的國體和一整套相互銜接、相互聯繫的國家制度體系，以及新型政黨制度，都是在中國自己獨特的實踐中形成的。建立新中國時，中國共產黨人本來的建國構想是「分三步走」，即「召開政治協商會議」「召集人民代表大會」「成立民主聯合政府」。這是在中共中央1948 年 4 月 30 日發表的紀念五一國際勞動節口號中昭告天下的。但實際情況是，在各民主黨派領袖響應中共中央號召抵達解放區，準備召開政治協商會議時，解放戰爭還在進行，普選人民代表的條件還不成熟。中共中央採納了民主黨派領袖的意見，由中國人民政治協商會議代行全國人民代表大

會職權，建立新中國。這樣，在人民民主專政的建國綱領付諸實施的時候，第一個建立的是中國人民政治協商會議，是中國共產黨領導的多黨合作和政治協商制度這一基本政治制度，實行的是中國特色的協商民主。與此同時，形成了單一制國家制度下的民族區域自治制度這一基本政治制度。

新中國成立後，在召開全國人民代表大會條件成熟後，中國共產黨就領導人民討論制定中華人民共和國憲法和選舉法，並於 1954 年召開第一屆全國人民代表大會，建立既不同於西方兩院制、又不同於蘇維埃制度的人民代表大會制度這一根本政治制度。1956 年後，隨着對生產資料私有制的社會主義改造基本完成，中國共產黨帶領中國人民建立了社會主義制度並進行社會主義建設。這一時期的革命和建設，成功實現了中國歷史上最深刻最偉大的社會變革，為當代中國一切發展進步奠定了根本政治前提和制度基礎。

第二階段，從黨的十一屆三中全會到鄧小平發表南方談話，提出「制度改革」任務並全面推進。

1978 年 12 月 13 日，鄧小平發表《解放思想，實事求是，團結一致向前看》這篇十一屆三中全會的主題報告，從「經濟民主」的角度提出要解決「我國的經濟管理體制權力過於集中」[1] 的問題，並強調「如果現在再不實行改革，我們的現代化事業和社會主義事業就會被葬送」[2]。特別是 1980 年 8 月

1　《鄧小平文選》第 2 卷，人民出版社 1994 年版，第 145 頁。

2　《鄧小平文選》第 2 卷，人民出版社 1994 年版，第 150 頁。

18 日，他發表的《黨和國家領導制度的改革》強調：「領導制度、組織制度問題更帶有根本性、全局性、穩定性和長期性。這種制度問題，關係到黨和國家是否改變顏色，必須引起全黨的高度重視。」[1] 在鄧小平的領導和支持下，我們的改革從農村實行家庭聯產承包責任制開始，在經濟體制、政治體制、科技體制、教育體制等各個方面全面推進，取得了豐碩的成果。特別是黨的十二屆三中全會通過的《關於經濟體制改革的決定》是經濟體制改革的一個重大突破。

第三階段，從鄧小平發表南方談話和黨的十四大到黨的十八大，提出「形成一整套更加成熟、更加定型的制度」並取得突破性進展。

1992 年初，鄧小平在南方談話中強調「基本路線要管一百年，動搖不得」的時候，明確指出：「改革開放以來，我們立的章程並不少，而且是全方位的。經濟、政治、科技、教育、文化、軍事、外交等各個方面都有明確的方針和政策，而且有準確的表述語言。」[2] 在論述「改革開放膽子要大一些」的時候，他進一步提出「恐怕再有三十年的時間，我們才會在各方面形成一整套更加成熟、更加定型的制度[3]。根據這樣的戰略構想，黨的十四大提出：「在九十年代，我們要初步建立起新的經濟體制，實現達到小康水平的第二步發展

1　《鄧小平文選》第 2 卷，人民出版社 1994 年版，第 333 頁。

2　《鄧小平文選》第 3 卷，人民出版社 1993 年版，第 371 頁。

3　《鄧小平文選》第 3 卷，人民出版社 1993 年版，第 372 頁。

目標。再經過二十年的努力，到建黨一百周年的時候，我們
將在各方面形成一整套更加成熟更加定型的制度。」[1]

從黨的十四大提出建立社會主義市場經濟體制，形成
公有制為主體、多種所有制經濟共同發展的所有制結構和按
勞分配為主體、其他分配方式為補充的分配制度開始，包括
建立現代企業制度和改革財政管理體制、金融體制、對外貿
易體制等制度改革在內的經濟體制改革大踏步推進。黨的
十五大後，在進一步完善社會主義市場經濟體制的同時，提
出「依法治國」基本方略和建設社會主義法治國家的目標，
在實現社會主義民主的制度化、規範化、程序化上取得了重
大進展。黨的十六大後，根據全面建設小康社會的要求，在
推進經濟和政治體制改革的同時，進一步改革和完善了黨的
領導方式和執政方式，以及與此相聯繫的黨的決策機制、行
政管理體制等體制機制。黨的十七大後，在把社會建設納入
總體佈局的同時，加強和創新社會管理制度提上了重要議事
日程，醫藥衛生體制改革、教育體制改革、社會保障制度改
革以及文化體制改革等制度改革進一步深化。總的來說，從
十四大到十八大前，我們各個方面的制度，有的逐步成熟或
定型，有的還在探索和創新，制度改革取得明顯進展。

第四階段，黨的十八大以來，以習近平同志為核心的黨
中央把制度建設擺到更加突出的位置，在努力實現「形成一
整套更加成熟更加定型的制度」這一目標的同時，制定了堅

1　《江澤民文選》第 1 卷，人民出版社 2006 年版，第 253 頁。

持和完善中國特色社會主義制度，推進國家治理體系和治理能力現代化的總體目標，並提出了「分三步走」實現這一目標的戰略部署。

黨的十八大以來，特別是黨的十八屆三中全會以來，以習近平同志為核心的黨中央以制度建設為主線，進一步把「完善和發展中國特色社會主義制度，推進國家治理體系和治理能力建設」作為全面深化改革的總目標。正如習近平總書記所指出的：「黨的十八屆三中全會首次提出『推進國家治理體系和治理能力現代化』這個重大命題。」為此，黨的十八屆三中全會推出了 336 項重大改革舉措。從那時起，經過 5 年多的努力，重要領域和關鍵環節改革成效顯著，主要領域基礎性制度體系基本形成，為國家治理體系和治理能力現代化打下了堅實基礎。與此同時，習近平總書記指出：「也要看到，這些改革舉措有的尚未完成，有的甚至需要相當長的時間去落實，我們已經啃下了不少硬骨頭但還有許多硬骨頭要啃，我們攻克了不少難關但還有許多難關要攻克，我們決不能停下腳步，決不能有鬆口氣、歇歇腳的想法。」[1]

黨的十九大在作出到本世紀中葉把我國建成富強民主文明和諧美麗的社會主義現代化強國這一戰略安排的同時，對制度建設作出了重要的戰略部署，指出：到 2035 年，各方面制度更加完善，國家治理體系和治理能力現代化基本實現；

1　習近平：〈關於《中共中央關於堅持和完善中國特色社會主義制度、推進國家治理體系和治理能力現代化若干重大問題的決定》的說明〉，《人民日報》2019 年 11 月 6 日。

到本世紀中葉，實現國家治理體系和治理能力現代化。黨的十九屆四中全會就是根據十九大確定的任務，完整提出了新時代堅持和完善中國特色社會主義制度、推進國家治理體系和治理能力現代化的總體目標：到我們黨成立 100 年時，在各方面制度更加成熟更加定型上取得明顯成效；到 2035 年，各方面制度更加完善，基本實現國家治理體系和治理能力現代化；到新中國成立 100 年時，全面實現國家治理體系和治理能力現代化，使中國特色社會主義制度更加鞏固、優越性充分展現。

「事非經過不知難。」中國特色社會主義制度和國家治理體系是在中國共產黨領導下，經過堅韌不拔的鬥爭，通過艱辛的實踐創新、理論創新和制度創新，一步一步建立、改革和完善起來的。

在推進國家治理體系和治理能力現代化進程中完善和發展中國特色社會主義制度

「完善和發展中國特色社會主義制度，推進國家治理體系和治理能力現代化。」[1]這是 2013 年 11 月 9 日到 12 日在北京召開的中國共產黨十八屆三中全會提出來的。改革開放以

---

1 《中共中央關於全面深化改革若干重大問題的決定》，人民出版社 2013 年版，第 3 頁。

來，每次三中全會都講改革，都十分重要。十八屆三中全會是一次十分重要的會議，已經寫在中國改革開放的歷史上。這次全會研究的不是一個領域的改革，也不是幾個領域的改革，而是所有領域的改革，叫作「全面深化改革」；而且把「完善和發展中國特色社會主義制度，推進國家治理體系和治理能力現代化」確定為全面深化改革的總目標。因此，這次全會及其通過的決定，對於我們研究十八大以來黨中央的治國之道格外重要。

這一全面深化改革的總目標一經提出，就在國內外產生了強烈的反響。在馬克思主義的歷史唯物主義和國家學說中，往往強調國家的「統治」和「管理」功能，國家的「治理」和「善治」理論是根據當今世界面臨的社會結構變動新情況，國際社會提出的最新的政治學理論。中國共產黨能夠這樣與時俱進，把現代治理理論同中國特色社會主義制度理論結合起來，並用以指導全面深化改革，使人們對中國新一輪改革賦予了更多的關切。

習近平總書記在全會上除了代表中央政治局作了工作報告外，還就全面深化改革的決定發表了兩次重要講話，一次是對提交給全會審議討論的文件做了系統說明，一次是在全會第二次全體會議上圍繞全會提出的指導思想、總體思路、目標任務，就貫徹落實全會精神發表了重要講話。在這兩個重要講話中，特別是第二個講話中，他對於全會為什麼要提出「完善和發展中國特色社會主義制度，推進國家治理體系和治理能力現代化」這一全面深化改革的總目標，以及

怎麼理解、怎麼落實這個總目標，進行了深入的闡述。為了全面、深刻、準確地學習領會和落實這一總目標，2014 年 2 月，黨中央在中共中央黨校舉辦了省部級主要領導幹部學習貫徹十八屆三中全會精神全面深化改革專題研討班。習近平總書記在這個重要的研討班上發表了重要講話，對這個總目標作了最權威的解讀。

我們只要把這幾個重要講話結合起來學習，就可以發現以習近平同志為核心的黨中央在「治理什麼樣的國家、怎樣治理國家」這個根本問題上，提出的通過國家治理體系和治理能力現代化來完善和發展中國特色社會主義制度的總目標，是既符合現代化時代潮流又適合中國國情的治國理政大思路大戰略，具有重要的意義。

首先，這是中國共產黨的歷史性創舉。習近平總書記說，我們講過很多現代化，包括農業現代化、工業現代化、科技現代化、國防現代化等，國家治理體系和治理能力現代化是第一次講。深刻理解和準確把握這個總目標，是貫徹落實各項改革舉措的關鍵。習近平總書記還通過歷史的回顧，指出怎樣治理社會主義社會這樣全新的社會，在以往的世界社會主義中沒有解決得很好。馬克思、恩格斯沒有遇到全面治理一個社會主義國家的實踐，他們關於未來社會的原理很多是預測性的；列寧在俄國十月革命後不久就過世了，沒來得及深入探索這個問題；蘇聯在這個問題上進行了探索，取得了一些實踐經驗，但也犯下了嚴重錯誤，沒有解決這個問題。我們黨在全國執政以後，不斷探索這個問題，雖然也發

生了嚴重曲折，但在國家治理體系和治理能力上積累了豐富經驗、取得了重大成果，改革開放以來的進展尤為顯著。因此，以習近平同志為核心的黨中央把制度現代化作為我們改革的總目標，順應了世界社會主義運動和中國特色社會主義事業發展的歷史要求，是一個歷史性的創舉。

其次，這是鄧小平關於制度改革戰略思想的發展。中國的改革開放，之所以被稱為中國的第二次革命，強調的就是通過制度變革創新來解放和發展社會生產力，並且一開始就是作為社會主義基本制度的自我完善和發展提出來的。2012年中國共產黨召開十八大的時候，離鄧小平在1992年南方談話提出的，到2020年左右我國各方面形成一整套「更加成熟、更加定型」的制度這個時限，只有8年左右的時間了。但是，什麼叫制度「更加成熟更加定型」呢？怎麼破這個題呢？以習近平同志為核心的黨中央認為，「更加成熟更加定型」的中國特色社會主義制度，就是國家治理體系和治理能力現代化的中國特色社會主義制度。正如習近平總書記在十八屆三中全會上所說的：「這次全會在鄧小平同志戰略思想的基礎上，提出要推進國家治理體系和治理能力現代化。這是完善和發展中國特色社會主義制度的必然要求，是實現社會主義現代化的應有之義。」[1]這樣，就以「制度現代化」破了「兩個更加」這個題，意義非同尋常。

再次，這是世界範圍綜合國力競爭的迫切要求。綜觀

---

1 《習近平談治國理政》，外文出版社2014年版，第90頁。

當今世界的綜合國力競爭，從經濟實力競爭發展到科技實力競爭、國防實力競爭，已經深入到國家制度競爭，特別是國家治理體系的競爭。現在，已經有許多國家的政治家和學者提出，中國能夠在那麼短的時間內成為世界第二大經濟體，和中國制度包括中國共產黨的領導制度、中國的政治體制有直接的關係。特別是我們高效率的領導制度、有特色的協商民主制度等，越來越為世界所矚目。正如習近平總書記所說的：「我國政治穩定、經濟發展、社會和諧、民族團結，同世界上一些地區和國家不斷出現亂局形成了鮮明對照。」與此同時，習近平總書記也強調，「相比當今世界日趨激烈的國際競爭」，我們在國家治理體系方面還有許多不足，有許多亟待改進的地方。[1] 我們要贏得綜合國力競爭，還是要靠制度。

習近平總書記不僅論述了確定全面深化改革總目標的意義，而且在論述這一總目標的科學內涵時提醒我們要注意正確把握三個重要問題：

一是，必須完整理解和把握全面深化改革的總目標。

自從黨的十八屆三中全會提出全面深化改革的總目標後，一些人在討論和研究這一問題時往往只講「國家治理體系和治理能力現代化」，而不講「完善和發展中國特色社會主義制度」。針對這種情況，習近平總書記強調指出，「完善和發展中國特色社會主義制度，推進國家治理體系和治理能力現代化」，這兩句話是一個整體。前一句，規定了根本方向，

1　《習近平談治國理政》，外文出版社 2014 年版，第 91 頁。

我們的方向就是中國特色社會主義道路，而不是其他什麼道路。我們推進國家治理體系和治理能力現代化，要往什麼方向走呢？這是一個帶有根本性的問題，必須回答好。我們要堅定不移走中國特色社會主義道路，既不走封閉僵化的老路，也不走改旗易幟的邪路。後一句，規定了在根本方向指引下完善和發展中國特色社會主義制度的鮮明指向。他說，兩句話都講，才是完整的。只講第二句，不講第一句，那是不完整、不全面的。

也就是說，在關於推進國家治理體系和治理能力現代化，完善和發展中國特色社會主義制度問題上，習近平總書記堅持了唯物辯證法的兩點論思想。他一方面強調，推進國家治理體系現代化絕非否定我們的社會主義基本制度。我們的國家治理體系和治理能力總體上是好的，是有獨特優勢的，是適應我國國情和發展要求的。另一方面，他強調我們在國家治理體系和治理能力方面還有許多亟待改進的地方，在提高國家治理能力上需要下更大的氣力。他指出，推進國家治理體系現代化必須是全面的系統的改革和改進，是各領域改革和改進的聯動和集成，要在國家治理體系和治理能力現代化上形成總體效應，取得總體效果。也就是說，要適應時代變化，既改革不適應實踐發展要求的體制機制、法律法規，又不斷構建新的體制機制、法律法規，使各方面制度更加科學、更加完善，實現黨、國家、社會各項事務管理制度化、規範化、程序化。

二是，推進國家治理體系現代化必須和推進治理能力現

代化緊密結合起來。

　　在一些人看來，「推進國家治理體系現代化」講的是制度問題，和「完善和發展中國特色社會主義制度」關係密切，而「推進治理能力現代化」講的則是人的問題，和「完善和發展中國特色社會主義制度」似乎並不密切。針對這種認識，習近平總書記指出：「國家治理體系和治理能力是一個國家制度和制度執行能力的集中體現。國家治理體系是在黨領導下管理國家的制度體系，包括經濟、政治、文化、社會、生態文明和黨的建設等各領域體制機制、法律法規安排，也就是一整套緊密相連、相互協調的國家制度；國家治理能力則是運用國家制度管理社會各方面事務的能力，包括改革發展穩定、內政外交國防、治黨治國治軍等各個方面。」[1]他深刻地指出：「國家治理體系和治理能力是一個有機整體，相輔相成，有了好的國家治理體系才能提高治理能力，提高國家治理能力才能充分發揮國家治理體系的效能。」[2]這是因為，制度也好，國家治理體系也好，都是要靠人來執行的，都是要靠具有現代化治理能力的人來執行的。沒有人來執行的制度和國家治理體系，只是一紙空文；沒有現代化治理能力的人來執行的制度和國家治理體系，再好的制度和治理體系都不可能達到預期的效果。治理國家，制度是起根本性、全局性、長遠性作用的，然而，沒有有效的治理能力，再好的制

1　《習近平談治國理政》，外文出版社 2014 年版，第 91 頁。

2　《習近平談治國理政》，外文出版社 2014 年版，第 91 頁。

度也難以發揮作用。而且,國家治理體系和治理能力雖然有
緊密聯繫,但又不是一碼事,不是國家治理體系越完善,國
家治理能力自然而然就越強。一個有效的制度和國家治理體
系必定是包括具有現代化治理能力的人在內的制度和國家治
理體系,我們黨把國家治理體系和治理能力結合在一起提出
來是正確的。

與此同時,我們還要注意到,在關於推進國家治理體系
和治理能力現代化、完善和發展中國特色社會主義制度問題
上,習近平總書記堅持了唯物辯證法的重點論思想。他明確
指出:「要更加注重治理能力建設,增強按制度辦事、依法
辦事意識,善於運用制度和法律治理國家,把各方面制度優
勢轉化為管理國家的效能,提高黨科學執政、民主執政、依
法執政的水平。」[1]「只有以提高黨的執政能力為重點,儘快把
我們各級幹部、各方面管理者的思想政治素質、科學文化素
質、工作本領都提高起來,儘快把黨和國家機關、企事業單
位、人民團體、社會組織等的工作能力都提高起來,國家治
理體系才能更加有效運轉。」[2]應該講,改革開放以來,我們
對執政能力問題已經相當重視。黨的十六屆四中全會還專門
通過了一個關於加強黨的執政能力建設的決定,提出要提高
駕馭社會主義市場經濟的能力、發展社會主義民主政治的能
力、建設社會主義先進文化的能力、構建社會主義和諧社會

1　《習近平談治國理政》,外文出版社 2014 年版,第 92 頁。
2　《習近平談治國理政》,外文出版社 2014 年版,第 105 頁。

的能力、應對國際局勢和處理國際事務的能力。但是，這個問題今天依然是制約我們工作的大問題，是我們在全面深化改革中要下大氣力解決的問題。今天，制度執行力、治理能力已經成為影響我國社會主義制度優勢充分發揮、黨和國家事業順利發展的重要因素。如果沒有治理能力建設，再好的制度，再好的國家治理體系，都只是一紙空文。

習近平總書記關於提高治理能力的論述十分豐富，其要點是：第一，要清醒認識「能力不足」是我們面臨的一大危險。他尖銳地指出，我們現在存在「本領不足、本領恐慌、本領落後」的問題。在我們黨內相當一個範圍裏，存在着「新辦法不會用，老辦法不管用，硬辦法不敢用，軟辦法不頂用」這樣一種狀況，這不能不引起我們重視。[1]第二，治理能力就是運用國家制度管理社會各方面事務的能力，簡單地説，就是「制度執行能力的集中體現」。這和我們平時講的這個能力那個能力（比如文學鑒賞能力和審美能力）不一樣的是，強調按制度辦事、用制度辦事、把制度規定的事辦實辦妥辦好。第三，提高制度執行力必須解決「最後一公里」的問題。習近平總書記注意到我們從決策、立法到執行，往往起步很好，但在執行過程中就差「最後一公里」，引起群眾不滿，甚至影響了人們對我們制度優越性的認同。第四，推進治理能力現代化的方向是提高依法執政能力。他要求我們「提高運用法治思維和法治方式深化改革、推動發展、化解矛盾、維

---

1 《習近平談治國理政》，外文出版社 2014 年版，第 403－404 頁。

護穩定能力，努力推動形成辦事依法、遇事找法、解決問題用法、化解矛盾靠法的良好法治環境，在法治軌道上推動各項工作」[1]。第五，推進治理能力現代化的目的是要把制度優勢轉化為管理國家的效能。因此，在學習和落實全面深化改革的總目標時，我們不僅要正確認識和處理好「完善和發展中國特色社會主義制度」與「國家治理體系現代化」的關係，把握好全面深化改革的大方向，而且要正確認識和處理好「國家治理體系現代化」與「治理能力現代化」的關係，積極而又穩妥地推進這場極其艱巨而又深刻的制度創新。

　　三是，推進國家治理體系和治理能力現代化必須堅守我們的核心價值觀。一個民族的文明進步，一個國家的發展壯大，需要一代又一代人接力努力，需要很多力量來推動，核心價值觀是其中最持久最深沉的力量。推進國家治理體系和治理能力現代化，也要由社會主義核心價值觀來加以支撐。習近平總書記在論述怎麼樣推進國家治理體系和治理能力現代化的時候，提出了要「堅守我們的價值體系，堅守我們的核心價值觀」這一深層次的問題[2]也就是說，我們在全面深化改革、推進制度現代化的過程中，不能只考慮經濟和政治，還要考慮文化，把中國特色社會主義制度的完善和發展、現代化國家治理體系和治理能力的構建和形成，深深地紮根於中國優秀的文化傳統之中，使之產生持久的生命力。

1　《習近平談治國理政》，外文出版社 2014 年版，第 142 頁。

2　《習近平談治國理政》，外文出版社 2014 年版，第 106 頁。

　　四是，推進國家治理體系和治理能力現代化必須有自己的主張和定力。「百里不同風，千里不同俗。」習近平總書記說：「一個國家選擇什麼樣的治理體系，是由這個國家的歷史傳承、文化傳統、經濟社會發展水平決定的，是由這個國家的人民決定的。」[1] 他特別重視歷史傳承和文化傳統問題，主持中央政治局集體專題學習了我國歷史上治國理政的經驗和文化傳統。他強調，第一，我國今天的國家治理體系，是在我國歷史傳承、文化傳統、經濟社會發展的基礎上長期發展、漸進改進、內生性演化的結果。第二，我國國家治理體系需要改進和完善，但怎麼改、怎麼完善，我們要有主張、有定力。第三，中華民族是一個兼容並蓄、海納百川的民族，在漫長歷史進程中，不斷學習他人的好東西，把他人的好東西化成我們自己的東西，這才形成我們民族特色。第四，沒有堅定的制度自信就不可能有全面深化改革的勇氣，同樣，離開不斷改革，制度自信也不可能徹底、不可能久遠。也就是說，我們全面深化改革，是要使中國特色社會主義制度更好；我們說堅定制度自信，不是要固步自封，而是要不斷革除體制機制弊端，讓我們的制度成熟而持久。

　　總之，我們要用我國的實踐向世界說明一個道理：治理一個國家，推動一個國家實現現代化，並不只有西方制度模式這一條道，各國完全可以走出自己的道路來。那種認為各國最終都要以西方制度模式為歸宿的單線式歷史觀，必定要

1　《習近平談治國理政》，外文出版社 2014 年版，第 105 頁。

破產。我們的追求是：在推進國家治理體系和治理能力現代化進程中，完善和發展中國特色社會主義制度。

中國特色社會主義制度是黨和人民長期實踐中形成的科學制度體系

我們知道，在黨的十八屆三中全會提出「完善和發展中國特色社會主義制度，推進國家治理體系和治理能力現代化」這一全面深化改革的總目標以來，全黨對這一課題越來越重視。黨的十九屆四中全會在黨的歷史上，第一次專題研究了「堅持和完善中國特色社會主義制度、推進國家治理體系和治理能力現代化」這一重大課題。黨中央之所以要通過一次全會來研究這一問題，並為此通過一個決定，是因為中國特色社會主義制度是黨和人民在長期實踐中形成的科學制度體系。

歷史是最好的老師。我們要堅持和完善中國特色社會主義制度，推進國家治理體系和治理能力現代化，首先要認識到中國特色社會主義制度來之不易。

自鴉片戰爭以來，為了實現中華民族偉大復興，中國人學習過西方的君主立憲制，學習過西方的多黨制、兩院制、內閣制、總統制，而且這些學習都十分真誠，但最後都失敗了。在我們贏得新民主主義革命的勝利，實現了從新民主主義到社會主義的歷史性轉變，建立起社會主義制度後，一方

面懂得了只有社會主義才能救中國，另一方面也在實踐中懂得了社會主義必須是中國特色的社會主義。也就是説，中國人為建立能夠實現中華民族偉大復興、讓中國人民過上幸福美滿生活的好制度持續探索了一百多年，來之不易。

「來之不易」這四個字，不僅指的是我們為建立中國特色社會主義制度經歷了漫長而又艱辛的探索，而且指的是我們在這一漫長的探索中經歷了複雜的思想理論鬥爭。這些思想理論鬥爭，包括建黨前夕關於「問題與主義」的論戰、關於社會主義的論戰、關於無政府主義的論戰，也包括上世紀二三十年代關於中國社會性質和社會史論戰、中國共產黨同黨內教條主義的鬥爭、抗日戰爭勝利前後關於「兩個中國之命運」的論戰、新中國建立前夕同「第三條道路」的鬥爭，以及「文化大革命」結束後的撥亂反正和解放思想、改革開放後同資產階級自由化的鬥爭和圍繞要不要搞市場經濟等問題展開的思想交鋒，等等。

黨的十八大以來，習近平總書記在對待中國特色社會主義問題上，一再要求我們回答好新時代堅持和發展什麼樣的中國特色社會主義、怎樣堅持和發展中國特色社會主義這一重大時代課題。今天，我們在堅持和發展中國特色社會主義，特別是在堅持和完善中國特色社會主義制度時，尤其要正確認識和處理好三個重大問題：

一是，中國特色社會主義與科學社會主義的關係。習近平總書記尖鋭地指出：「中國特色社會主義是社會主義而不是其他什麼主義，科學社會主義基本原則不能丟，丟了就不是

社會主義。」[1] 這是習近平總書記在 2013 年 1 月 5 日舉辦的新進中央委員會的委員、候補委員專題研討班上提出的。就在這個重要講話中，他系統地論述了社會主義 500 年的歷史和寶貴經驗。

二是，中國特色社會主義和中國共產黨長期的社會主義探索的關係。習近平總書記說：「以毛澤東同志為核心的黨的第一代中央領導集體，為新時期開創中國特色社會主義提供了寶貴經驗、理論準備、物質基礎。」[2]「不能用改革開放後的歷史時期否定改革開放前的歷史時期，也不能用改革開放前的歷史時期否定改革開放後的歷史時期。」[3] 他在十八大後主持第一次中央政治局集體學習時就已經提出這個問題，在新進中央委員會的委員、候補委員專題研討班上系統地論述社會主義 500 年的歷史和經驗時，又進一步明確提出和論述了這一重大問題。

三是，中國特色社會主義和中華優秀傳統文化的關係。習近平總書記說過：「宣傳闡述中國特色，要講清楚每個國家和民族的歷史傳統、文化積澱、基本國情不同，其發展道路必然有着自己的特色；講清楚中華文化積澱着中華民族最深層的精神追求，是中華民族生生不息、發展壯大的豐厚滋養；講清楚中華優秀傳統文化是中華民族的突出優勢，是我

1　《習近平談治國理政》第 1 卷，外文出版社 2018 年版，第 22 頁。

2　《習近平談治國理政》第 1 卷，外文出版社 2018 年版，第 8 頁。

3　《習近平談治國理政》第 1 卷，外文出版社 2018 年版，第 22 頁。

們最深厚的文化軟實力；講清楚中國特色社會主義植根於中華文化沃土、反映中國人民意願、適應中國和時代發展進步要求，有着深厚歷史淵源和廣泛現實基礎。」[1] 這個問題，在 2013 年 3 月 17 日第十二屆全國人民代表大會第一次會議上，習近平當選為國家主席時就已經提出，在十八大後召開的第一次全國宣傳思想工作會議上講了上面這段話。

因此，要堅持和發展中國特色社會主義，特別是堅持和完善中國特色社會主義制度，必須搞清楚中國特色社會主義制度是從哪裏來的，澄清制度問題上一系列錯誤觀念和模糊認識，懂得中國特色社會主義制度是我們在長期的實踐探索和思想理論求索中建立起來的。

與此同時，我們還要認識到，中國特色社會主義制度已經在建立、改革和完善過程中，形成了一個科學的制度體系。也就是説，在學習貫徹黨的十九屆四中全會精神，以制度建設為主線，加強制度建設和治理能力建設的時候，我們必須懂得中國特色社會主義制度是一個科學的制度體系。

為什麼這樣説呢？

首先，中國特色社會主義制度是以馬克思主義為指導，把歷史唯物主義關於社會結構和國家制度的基本原理同中國實際結合起來，在中國特色社會主義偉大實踐中形成的科學制度體系。

馬克思恩格斯創立的歷史唯物主義告訴我們，社會是

---

1 《習近平談治國理政》第 1 卷，外文出版社 2018 年版，第 155－156 頁。

在生產力發展過程中由與此相適應的生產關係和上層建築構成的。人們在社會生活中不僅要從事經濟、政治、文化、社會、生態文明、軍事、外事等各方面社會活動，還要建立能夠保證這些社會活動有序進行的各個方面的制度。在政黨政治形成後，為處理政黨與政黨、政黨與法律、政黨與國家、政黨與人民之間的關係，在現代社會中還形成了一系列能夠保證政黨活動有序進行的相關制度。中國共產黨是以馬克思主義為根本指導思想並善於把馬克思主義中國化的黨，在奪取全國政權之前已經在革命根據地建立了紅色政權，經歷了從局部執政到全面執政的長期執政歷史，積累了極其豐富的制度建設經驗。毛澤東在《新民主主義論》中已經指出，新民主主義國家是由相互聯繫的新民主主義政治、經濟、文化構成的。在為建立新中國作準備的黨的七屆二中全會決議和毛澤東發表的《論人民民主專政》中，深刻闡述了新中國的國體、政體、經濟形態和外交政策等重大問題。特別是具有憲法性質的《中國人民政治協商會議共同綱領》把馬克思主義和中國實際結合起來，提出了新中國制度建設的全新構想。新中國成立後，無論是對生產資料私有制進行社會主義改造，建立社會主義基本制度，還是在「文化大革命」走出來後的制度改革中建立健全中國特色社會主義制度，我們都始終堅持以馬克思主義為指導，又始終堅持從中國實際出發，從而確保了我們建立的制度是符合中國基本國情的具有科學性的中國特色社會主義制度。

　　需要指出的是，中國特色社會主義制度是由一整套相互

聯繫的制度構成的科學制度體系。這是因為，在中國特色社會主義的偉大實踐中，我們認識到這一偉大事業不僅包括經濟建設、政治建設和文化建設，還包括社會建設和生態文明建設，形成了「五位一體」的工作佈局，與此同時，我們還認識到中國特色社會主義是內政外交國防相互配合、民族復興和祖國統一相互聯繫的偉大事業，每一個領域每一項工作都要有相應的制度來支撐。特別是，我們在實踐中認識到，中國共產黨領導是中國特色社會主義最本質的特徵，是中國特色社會主義制度的最大優勢，我們在加強黨的領導和黨的建設進程中也形成了一整套科學的制度。因此，黨的十九屆四中全會在闡述我們今天要「堅持和鞏固什麼、完善和發展什麼」的時候，強調指出要堅持和完善包括黨的領導制度體系在內的 13 個方面重大制度，每一方面重大制度又包括若干項制度（體制、機制）及其要求，共 50 多項制度（體制、機制）和要求（見附錄）。正如這次全會通過的決定所指出的：「中國共產黨自成立以來，團結帶領人民，堅持把馬克思主義基本原理同中國具體實際相結合，贏得了中國革命勝利，並深刻總結國內外正反兩方面經驗，不斷探索實踐，不斷改革創新，建立和完善社會主義制度，形成和發展黨的領導和經濟、政治、文化、社會、生態文明、軍事、外事等各方面制度，加強和完善國家治理，取得歷史性成就。」

　　同時，中國特色社會主義制度是植根中國大地、具有深厚中華文化根基、深得人民擁護的制度和治理體系。

　　中國特色社會主義制度的科學性，還在於這一制度是

有歷史根基、文化底蘊和社會基礎的。長期來，在一些人那裏，總是以美國的或歐洲的包括德國的、北歐的制度為「樣本」「標」，來評價中國的制度，甚至設計中國的制度改革。聽起來，他們說得頭頭是道，有根有據，十分唬人。但是，歷史證明，這種制度研究和設計的思路在實踐中是行不通的。古人早就說過：「橘生淮南則為橘，生於淮北則為枳。」毫無疑問，我們在體制改革中需要研究和借鑒國外制度文明的有益成果，但不能脫離中國的國情實際和歷史文化照抄照搬外國的制度模式。習近平總書記在論述我們應該以什麼樣的思路來謀劃和推進中國社會主義民主政治建設的時候，曾經深刻地指出：「設計和發展國家政治制度，必須注重歷史和現實、理論和實踐、形式和內容的有機統一。」「在政治制度上，看到別的國家有而我們沒有就簡單認為有欠缺，要搬過來；或者，看到我們有而別的國家沒有就簡單認為是多餘的，要去除掉。這兩種觀點都是簡單化的、片面的，因而都是不正確的。」[1] 因此，我們堅持聽從中國人民自己的實踐，而不盲從或迷信那些不適合中國國情的制度說教，探索中國的制度改革和制度建設。

需要指出的是，中國特色社會主義制度是在具有中華民族「文化基因」的中國共產黨和中國人民的實踐中形成的，具有深厚的文化底蘊。毛澤東曾經把中國共產黨稱為「成為偉大中華民族的一部分而和這個民族血肉相聯」的共產黨

1　《習近平談治國理政》第 2 卷，外文出版社 2017 年版，第 285－286 頁。

人。習近平總書記經常告誡我們，一個民族、一個國家，必須知道自己是誰，是從哪裏來的，要到哪裏去，想明白了、想對了，就要堅定不移朝着目標前進。我們的老祖宗創造的中華文明綿延數千年，幾千年形成的中華優秀傳統文化已經成為中華民族的基因，植根在中國人心中，潛移默化影響着中國人的思想方式和行為方式。仔細考察中國特色社會主義制度內部隱含的思想文化特別是價值觀，我們可以注意到中華優秀文化傳統在其中的作用。比如我們實行的協商民主制度，習近平總書記就曾經明確説過，協商民主是中國社會主義民主政治中獨特的、獨有的、獨到的民主形式，它源自中華民族長期形成的天下為公、兼容並蓄、求同存異等優秀政治文化。中國特色社會主義制度，在某種意義上，可以説是具有深厚中華文明底蘊的制度。

在黨的十九屆四中全會第二次全體會議上，習近平總書記對「中國特色社會主義制度和國家治理體系具有深厚的歷史底蘊」這個問題作了詳盡的論述，我們應該很好學習和領會。他首先從思想文化傳統上論述了這個問題，指出：在幾千年的歷史演進中，中華民族創造了燦爛的古代文明，形成了關於國家制度和國家治理的豐富思想，包括大道之行、天下為公的大同理想，六合同風、四海一家的大一統傳統，德主刑輔、以德化人的德治主張，民貴君輕、政在養民的民本思想，等貴賤均貧富、損有餘補不足的平等觀念，法不阿貴、繩不撓曲的正義追求，孝悌忠信、禮義廉恥的道德操守，任人唯賢、選賢與能的用人標準，周雖舊邦、其命維新

的改革精神，親仁善鄰、協和萬邦的外交之道，以和為貴、好戰必亡的和平理念，等等。他說：「這些思想中的精華是中華優秀傳統文化的重要組成部分，也是中華民族精神的重要內容。馬克思主義傳入中國後，科學社會主義的主張受到中國人民熱烈歡迎，並最終紮根中國大地、開花結果，決不是偶然的，而是同我國傳承了幾千年的優秀歷史文化和廣大人民日用而不覺的價值觀念融通的。馬克思對我國古代農民起義提出的具有社會主義因素的革命口號有過敏銳的觀察。他說，『中國社會主義之於歐洲社會主義，也許就像中國哲學與黑格爾哲學一樣』。」與此同時，他還從制度傳統上論述了這個問題，指出：「中國在人類發展史上曾經長期處於領先地位，自古以來逐步形成了一整套包括朝廷制度、郡縣制度、土地制度、稅賦制度、科舉制度、監察制度、軍事制度等各方面制度在內的國家制度和國家治理體系，為周邊國家和民族所學習和模仿。進入近代以後，封建統治腐朽無能，帝國主義列強入侵，導致中國逐步成為半殖民地半封建社會，統治中國幾千年的君主專制制度陷入全面危機。面對日益深重的政治危機和民族危機，無數仁人志士為改變中國前途命運，開始探尋新的國家制度和國家治理體系，嘗試了君主立憲制、議會制、多黨制、總統制等各種制度模式，但都以失敗而告終。」他說：「只有在中國共產黨成立後，中國人民和中華民族才找到了實現民族獨立、人民解放和國家富強、人民幸福的正確道路。新民主主義革命時期，我們黨團結帶領

人民在根據地創建人民政權，探索建立新民主主義經濟、政治、文化制度，為新中國建立人民當家作主的新型國家制度積累了寶貴經驗。奪取全國政權後，我們黨團結帶領人民制定《共同綱領》、1954 年憲法，確定了國體、政體、國家結構形式，建立了國家政權組織體系。我們黨進而團結帶領人民進行社會主義改造，確立了社會主義基本制度，成功實現了中國歷史上最深刻最偉大的社會變革，為當代中國一切發展進步奠定了根本政治前提和制度基礎。改革開放以來，我們黨團結帶領人民開創了中國特色社會主義，不斷完善中國特色社會主義制度和國家治理體系，使當代中國煥發出前所未有的生機活力。」[1]

正因為中國特色社會主義制度是以馬克思主義為指導，又植根中國大地、具有深厚中華文化根基、深得人民擁護的制度和治理體系，所以，黨的十九屆四中全會強調這一制度體系「是具有強大生命力和巨大優越性的制度和治理體系，是能夠持續推動擁有十四億人口大國進步和發展、確保擁有五千多年文明史的中華民族實現『兩個一百年』奮鬥目標進而實現偉大復興的制度和治理體系」[2]。

1　《求是》2020 年第 1 期，第 5－6 頁。

2　《人民日報》2019 年 11 月 6 日。

評價制度好壞不是看模式而是看實效

　　在討論了中國制度是怎麼形成的，具有哪些內容，需要進一步討論的是，這樣的制度好不好。我們已經說過，黨的十九屆四中全會對中國制度的評價是：「具有強大生命力和巨大優越性的制度和治理體系。」我們說中國的制度和治理體系是具有強大生命力和巨大優越性的，涉及制度和治理體系的價值判斷。制度和治理體系的價值判斷，從來都是一個非常複雜的問題。因此，我們在這裏還是要討論一個基礎性的問題：怎麼樣評價制度和治理體系的好壞。

　　早在 1980 年 8 月 18 日鄧小平發表的《黨和國家領導制度的改革》中，這位中國改革開放總設計師已經指出：「我們進行社會主義現代化建設，是要在經濟上趕上發達的資本主義國家，在政治上創造比資本主義國家的民主更高更切實的民主，並且造就比這些國家更多更優秀的人才。」「黨和國家的各種制度究竟好不好，完善不完善，必須用是否有利於實現這三條來檢驗。」[1] 多年來，我們無論是研究借鑒外國制度建設的經驗，還是總結中國自己在制度建設上的經驗教訓，在推進制度改革和制度創新、完善和發展中國特色社會主義制度的時候，總是牢記這些教誨。

　　2019 年 12 月 23 日，我曾經在《環球時報》發表過一篇

1　《鄧小平文選》第 2 卷，人民出版社 1994 年版，第 322–333 頁。

旨在希望美國一些人能夠消弭對華誤解的文章，文中涉及究竟怎麼看中國制度，特別是政黨制度和民主制度的問題，講的也就是我們在這裏討論的怎麼評價制度和治理體系好壞的問題。

我在文章中說：有個朋友告訴我，世界各個國家對中國全面了解的人並不很多，就是了解中國的人也不完全理解中國的政黨制度。他們不理解中國為什麼不實行多黨制或兩黨制，而只有共產黨一黨在執政。在美國一些人心目中，更有說不完的誤解、誤讀。他們質疑這樣的政黨制度和獨裁、專制有什麼兩樣。

在討論這個問題之前，先要說明一下：中國的政黨制度，既不是多黨制或兩黨制，也不是一黨制。中國實行的是「一黨領導、多黨合作」的政黨制度、「一黨執政、多黨參政」的政治體制。「一黨」指的是中國共產黨；「多黨」指的是中國的八個民主黨派。許多人不知道，在中國除了中國共產黨，還有八個民主黨派。他們是：中國國民黨革命委員會、中國民主同盟、中國民主建國會、中國民主促進會、中國農工民主黨、中國致公黨、九三學社、台灣民主自治同盟。由此形成了中國共產黨領導的多黨合作和政治協商制度這一基本政治制度和新型政黨制度。

中國除了有共產黨，還有八個民主黨派，這件事不僅像美國這樣的國家許多人不知道，就是像越南這樣的鄰居很多人也不知道。有一次我去他們那裏訪問，說到我們不是一黨制，還有八個民主黨派，他們都很驚訝。

　　和美國的兩黨制、法國的多黨制都是在自己的歷史中形成的一樣，中國的政黨制度也是在自己的歷史中形成的。近代以來，特別是孫中山先生領導的辛亥革命以來，在中國政治舞台上出現過許多政黨。和世界許多國家一樣，當年中國各個階級、各個政黨及其政治人物在中國政治舞台上競相表演、相互博弈。1921 年中國共產黨成立後，中國共產黨和另一個大黨中國國民黨經歷了合作、破裂、鬥爭，再合作、再破裂、再鬥爭。每次合作都是共產黨主動握手，每次破裂都是國民黨首先出手。在抗日戰爭勝利前夜，中國共產黨根據廣大人民群眾的願望，提出了抗戰勝利後成立民主聯合政府的主張，明確提出可以先由中國國民黨、中國共產黨、中國民主同盟和無黨無派分子的代表人物聯合組成臨時的中央政府。毛澤東還冒着風險親自到重慶和國民黨談判。但是這一政治主張和談判形成的協定最後都被國民黨否決了，他們決定用美國政府支持的武力徹底消滅共產黨。在這個過程中，國民黨不僅把共產黨作為對手，也對一些民主黨派包括主張實行「中間路線」的民主黨派人士充滿敵意。由各個民主黨派組成的中國民主同盟在 1947 年 10 月被國民黨政府宣佈為非法團體。面對國民黨的武裝進攻，共產黨被迫進行自衛。當共產黨領導的中國人民解放軍在戰場上贏得主動權後，決定奪取全國政權。但是，共產黨沒有憑藉武力獨霸政權，而是一如既往堅持人民民主的思想，和各民主黨派一起召開政治協商會議，討論建立新中國。

　　在新中國成立後，有的民主黨派認為自己的使命已經

完成了，決定自行解散。事實上，有的政黨確實很快就解散了。但共產黨並沒有認為這是一個好事。毛澤東親自出面做工作，希望民主黨派不要解散。他曾經動情地説過，共產黨萬歲，民主黨派也萬歲。在中國完成社會主義改造，建立社會主義基本制度後，毛澤東還説過：「究竟是一個黨好，還是幾個黨好？現在看來，恐怕是幾個黨好。不但過去如此，而且將來也可以如此，就是長期共存，互相監督。」「在這一點上，我們和蘇聯不同。」[1] 由此可見，中國共產黨實行這樣的政黨制度，是依據中國國情和人民民主的要求作出的歷史性選擇。

毋庸諱言，我們在對待民主黨派問題上也犯過錯誤。改革開放後，共產黨總結了這方面錯誤。在共產黨和民主黨派關係問題上，鄧小平在毛澤東講的「長期共存，互相監督」八字方針後又加了八個字「肝膽相照，榮辱與共」，形成了十六字基本方針。江澤民進一步把民主黨派定性為「參政黨」，明確了民主黨派參政的基本點是：參加國家政權，參與國家大政方針和國家領導人選的協商，參與國家事務的管理，參與國家方針、政策、法律、法規的制定執行。也就是説，中國共產黨領導的多黨合作和政治協商制度這一基本政治制度和新型政黨制度形成於人民當家作主的新中國建立之初，鞏固於中國建立社會主義制度之後，完善於改革開放以來。這一制度從形成到完善，充分證明了它和獨裁專制毫無干係，其本質就是中國特色的民主政治。

1　《毛澤東文集》第 7 卷，人民出版社 1999 年版，第 34 頁。

　　在美國等一些國家，許多人常常會問：你們既然也主張民主，為什麼不實行和我們一樣的政治體制，為什麼不搞競爭性選舉？

　　前幾年，全世界充斥着萬花筒般的民主鼓譟。蘇聯解體，東歐劇變，「顏色革命」，「阿拉伯之春」，儘管引起這些事變的原因各不一樣、結果也各不相同，儘管那些國家的人民在這些事變中並非都享受到了民主的權利，成為國家的主人，但在許多媒體的報道和學者的著述中都被戴上「民主」的桂冠。這樣，在民主成為一種時髦的同時，也在一些國家成為許多人付出極大代價而只有少數人才能享受到的奢侈品。

　　在美國和歐洲，雖然許多人認為中國沒有民主，但也有人感到困惑。你說中國沒有民主，但中國的經濟特別是市場經濟不僅發展快，還很活躍，甚至連西方許多國家都不及。我們都知道，市場經濟的發展，一要讓公民享受自由的權利，包括自由選擇職業、自由創業、自由遷徙、自由發展的權利；二要讓公民享受平等的權利，包括平等享有憲法所規定的權利、平等交換商品的機制、平等交流信息的環境等等，而具有這樣的自由和平等恰恰是民主的實現。

　　應該講，要真正搞清民主這個東西並不容易。「民主」的詞義雖然在詞彙上可以一目了然，但要搞清其內涵卻是讓多少學者傷透腦筋的問題。民主的「民」是全體人民，還是多數人民？如果是全體人民，民主要「主」（統治）的是誰？如果是多數人民，難道民主就是多數人民「主」（統治）少數人民？美國學者喬萬尼‧薩托利和他之前的許多學者都討論過

「什麼叫民主」這個極其複雜的基礎性問題。在中國，也一直在探究民主這一重大問題。中國人民誰都知道，用民主取代專制、集權，是一種歷史的進步。對於今天的中國講，在要不要民主的問題上，早已形成共識，進一步在探索的是：實行什麼樣的民主，才更有利於中國的持續健康發展。

關於美國和西方許多人提出的中國為什麼不搞競爭性選舉的問題，第一，這不是事實。中國有選舉民主，只不過在目前階段實行的是直接選舉和間接選舉相結合的選舉制度。在縣和縣以下的人民代表是通過直接選舉產生的。縣以上的人民代表是通過間接選舉即由下一級人民代表大會選舉產生的。這些選舉都實行差額選舉，都是競爭性的選舉。第二，中國正在不斷完善選舉民主。在縣一級實行直接選舉制度，不論直接選舉還是間接選舉都必須實行差額選舉，等等，都是在改革開放後開始的。中國的選舉民主，還在路上。

與此同時，我們也注意到，選舉民主具有公開性、競爭性等優點，但也有不容忽視的問題。最大的問題，是它不能真正體現民主的本質。由於選舉民主一般都依照「少數服從多數」的原則（目前還沒有更好的辦法）來進行，雖然人人都有一票的權利，但只有一部分選民的意志和訴求能夠得到實現，而不能使全體選民的利益都得到實現。這個問題，我們在 1954 年召開第一次全國人民代表大會的時候就已經發現了。按照中國人民政治協商會議第一次全體會議通過的決定，在全國人民代表大會召開之前，由人民政協全體會議代行全國人民代表大會的職權。新中國成立後，經過三年艱苦

奮鬥，召開全國人民代表大會的條件成熟了，1953 年 1 月，
中央人民政府委員會一致通過了《關於召開全國人民代表大
會及地方各級人民代表大會的決議》，並決定成立以毛澤東為
主席的憲法起草委員會和以周恩來為主席的選舉法起草委員
會。對此，有些民主黨派人士有顧慮，他們擔心這一決策對
他們是不是不利，擔心經過普選人民代表會把民主黨派選下
去。當時，毛澤東親自出面做工作，指出：「人民代表大會制
的政府，仍將是全國各民族、各民主階級、各民主黨派和各
人民團體統一戰線的政府，它是對全國人民都有利的。」後
來，在選舉人民代表過程中，毛澤東和中共中央非常注意各
民主黨派和無黨派民主人士在各級人民代表大會代表中所佔
比例以及對他們的安排。儘管如此，選舉就是選舉，還是有
些民主黨派和無黨派民主人士沒有選上人民代表。為了讓各
個民主黨派和無黨派民主人士更好地發揮政治協商、民主監
督、參政議政作用，毛澤東和黨中央做出了一個極其重要的
決定，這就是在召開人民代表大會後，人民政協不再代行人
民代表大會職權，但還要繼續發揮人民政協的作用。1954 年
12 月 19 日，毛澤東在論述人民政協為什麼在召開人民代表
大會後還要存在的必要性時，曾經說過：「人民代表大會是權
力機關，這並不妨礙我們成立政協進行政治協商。各黨派、
各民族、各團體的領導人物一起來協商新中國的大事非常重
要。人民代表大會已經包括了各方面，人大常委會是全國人
民代表大會的常設機關，代表性當然很大，但它不能包括所
有的方面，所以政協仍有存在的必要，而不是多餘的。」

　　請注意「人大的代表性當然很大，但它不能包括所有的方面」這句十分樸實的話，其政治學意義就是指出了選舉民主勢必會使選民形成「多數人」與「少數人」的矛盾，以及選舉無法實現「少數人」民主權利的問題。按照毛澤東的思路，選舉是民主的重要實現形式，要堅持和完善；同時也要解決選舉過程中發生的少數人的權利怎麼樣實現的問題。他的主張是，選上人民代表的可以到人民代表大會中去行使民主權利，沒有當上人民代表的可以在人民政協行使民主權利。也就是說，中國在民主政治實踐中找到了破解選舉民主難以實現全體人民當家作主的難題。破解的辦法就是：「選舉民主」加「協商民主」。

　　黨的十八大後，在以習近平同志為核心的黨中央領導下，中國建立了廣泛多層制度化的協商民主體系。從中央到地方，不僅有人民政協這樣的專門協商機構，還建立或完善了政黨協商制度、人大協商制度、政府協商制度、人民團體協商制度、基層協商制度、社會組織協商制度。這樣，就形成了選舉民主和協商民主相結合的民主政治制度。選舉民主，指的是中國的國家和地方的領導人必須在人民代表大會中由人民代表民主選舉產生，人民代表必須由選民通過直接選舉或間接選舉的方式選舉產生。協商民主，指的是在執政黨、政府和基層群眾自治組織在做決策之前和決策之中必須經過一定的程序進行民主協商，充分聽取人民群眾的意見。也就是說，在中國，不是在選民投票後就進入「民主休眠期」，而是在選民投票後還要通過各個層級的協商民主制度繼

續參與決策。這是世界上獨一無二的「全過程民主」。

　　儘管我們在民主問題上犯過錯誤，但哪個國家沒有犯過錯誤？顯然，說中國「沒有選舉」「沒有民主」「不是民主國家」等等，都是對中國極大的誤解。新中國不僅一開始就是一個人民當家作主的民主國家，而且始終在為堅持和完善民主而奮鬥，還有許多自己的創造。這些創造不僅屬於中國，也屬於世界，是中國對人類政治文明的貢獻。這對於現在西方國家許多正在反思怎麼樣完善民主制度的人來說，也是可以作為一個案例來研究的。需要反問的一個問題是：世界上有句格言，叫作「條條大路通羅馬」。為什麼只允許你們開築具有你們特色的「通羅馬」之路，而不允許中國開築具有中國特色的「通羅馬」之路呢？

　　我在《環球時報》上發表的這篇文章，講的都是中國制度選擇和創建的歷史事實，其中反覆講的是三個相互關聯的基本道理：一是，中國共產黨的制度建設目標是建立人民當家作主的民主制度，並始終不渝為此奮鬥了近百年；二是，中國共產黨在民主制度創建實踐中認識到，一個好的民主制度必須是符合中國基本國情和中國人民需求的制度，而不是簡單地照抄照搬別的國家的制度就能夠成功的；三是，中國共產黨在民主制度創建實踐中進一步認識到，一個好的能夠符合中國基本國情和中國人民需求的制度必須是有實效的，也就是能夠真正給中國人民帶來看得見摸得着的實惠的。

　　毫無疑問，我們在制度創建和體制改革中需要認真研究和借鑒國外制度文明的有益成果，但決不能脫離中國的國情

實際和歷史文化照抄照搬外國的制度模式。習近平在論述我們應該以什麼樣的思路來謀劃和推進中國社會主義民主政治建設的時候，曾經深刻總結中國在制度創建和制度改革中的歷史經驗，提出了「八個能否」，作為評價國家制度是不是民主的、有效的主要尺度。這八個「能否」，就是：（1）國家領導層能否依法有序更替；（2）全體人民能否依法管理國家事務和社會事務、管理經濟和文化事業；（3）人民群眾能否暢通表達利益要求；（4）社會各方面能否有效參與國家政治生活；（5）國家決策能否實現科學化、民主化；（6）各方面人才能否通過公平競爭進入國家領導和管理體系；（7）執政黨能否依照憲法法律規定實現對國家事務的領導；（8）權力運用能否得到有效制約和監督。這「八個能否」，簡而言之，就是一句話：評價制度好壞不是看模式而是看實效。

根據這「八個能否」，來評價我們的制度和治理體系，應該講，我們的體制、機制、程序、規範以及具體運行上還存在不完善的地方，在保障人民民主權利方面也還有一些不足。但是，總體來講，中國的制度和治理體系已經顯示出了強大生命力和巨大優越性。

我們的制度改革是有方向、有立場、有原則的

我們講中國的制度是有「強大生命力和巨大優越性」的，但同時又講對中國的制度還要進行改革，還要完善和發展。

怎麼理解這一點呢？

　　中國共產黨人歷來堅持馬克思主義關於「『社會主義社會』不是一成不變的東西，而應當和任何其他社會制度一樣，把它看成是經常變化和改革的社會」[1]。我們都知道，是改革開放這場新的革命奇蹟般地改變了中國的面貌和中國人民的命運。與此同時，我們並不是什麼都改。回顧總結改革開放四十多年在制度改革方面的經驗，特別是同蘇聯的對比中來總結中國制度改革的經驗，一條重要的經驗是：我們的改革開放是有方向、有立場、有原則的。

　　改革開放四十多年，在歷史長河中只是短暫的一剎那，但是這「一剎那」在中國卻是天翻地覆的「一剎那」。在這「一剎那」中，社會主義市場經濟取代了傳統的計劃經濟；以公有制為主體的多種所有制經濟共同發展的基本經濟制度，取代了全民所有制和集體所有制兩種公有制的經濟制度；全方位對外開放並參與經濟全球化的開放型經濟，取代了封閉和半封閉的經濟，經濟、政治、文化、社會和生態文明建設「五位一體」的總佈局更新了原有的發展佈局，新中國建立的政治大國正在迅速成為政治經濟大國，我們在世界範圍綜合國力競爭中的國際地位明顯上升。特別是，社會生產力大解放大發展，國民經濟總量迅速擴大。當年佔領中國首都北京的「八國聯軍」即八個工業化國家，除了美國和早已不存在的奧匈帝國，一個接一個被中國超越。2000年至2002年，中

1　《馬克思恩格斯文集》第10卷，人民出版社2009年版，第588頁。

國經濟總量超越了意大利，成為世界第六；2005 年，超過了法國，成為世界第五；2006 年又成功實現了對英國的超越，成為世界第四；2008 年，實現了對德國的超越，成為世界第三；接着是 2010 年，中國在經濟總量上又超越了日本，成為世界第二。這部中國「超越史」，就是中國改革開放推動中國經濟快速發展史，就是中國和平崛起史。

中國為什麼能夠取得如此驕人的成就？毫無疑問，是中國共產黨的堅強領導，是中國特色社會主義理論體系的正確指引，是中國人民的艱辛奮鬥，是中國改革開放的強大動力。這一切，我們都已經做過總結。習近平總書記在慶祝改革開放四十周年大會上，進一步全面總結了九條重要經驗，我們要很好學習領會。在這裏，我重點談一點體會：我們在改革開放四十多年裏，沒有犯過大的錯誤。改革開放是一場偉大而又艱難的革命，要不犯一點錯誤是很難的。事實上，我們在過去的四十多年裏，也發生過 20 世紀 80 年代末 90 年代初的國內政治風波。當年，幸虧有以鄧小平同志為核心的黨的第二代中央領導集體的堅強領導，有一大批老一輩革命家把舵，果斷出手平息了這場風波。現在回過頭來想一想，如果這場風波不能平息，我們能有今天的大好局面嗎？「事非經過不知難。」四十多年改革開放，四十多年攻堅克難，這四十多年間，從真理標準問題大討論開始，到如何正確評價毛澤東和毛澤東思想、要不要反對資產階級自由化，從要不要搞社會主義市場經濟，到要不要參與經濟全球化，等等，我們經歷了多少重大歷史關頭的挑戰？在這些關頭，任何一

個問題處理不好，都有可能犯錯誤，甚至犯顛覆性的錯誤。這是對我們黨和黨的領導集體真正的考驗。但是我們挺過來了，不僅沒有犯大的錯誤，而且在經受考驗中進一步統一了全黨全國人民的思想。

如果我們的改革開放犯了大的錯誤，我們還能有今天的美好生活嗎？儘管歷史是不能假設的，但是我們不得不提出這樣的反問。因此，「四十多年改革開放沒有犯大的錯誤」這樣一個使得我們能夠取得歷史性進步的重要原因，不能不說！說了，就是要提醒我們，改革開放還在進行中，改革開放的路上還有數不盡的挑戰和風險，決不能犯大的錯誤！我們要牢記習近平總書記的教導：「中國是一個大國，決不能在根本性問題上出現顛覆性錯誤，一旦出現就無法挽回、無法彌補。」

我們為什麼能夠在改革開放這樣歷史性的變革中沒有犯大的錯誤呢？是因為我們堅持了正確的方向、正確的立場、正確的原則。

這條重要經驗，是習近平總書記總結的。早在 2012 年 12 月 7 日至 11 日，他在廣東考察工作時就已經深刻指出：「我們的改革開放是有方向、有立場、有原則的。我們當然要高舉改革旗幟，但我們的改革是在中國特色社會主義道路上不斷前進的改革，既不走封閉僵化的老路，也不走改旗易幟的邪路。」這「三個有」，即「有方向、有立場、有原則」，既是對我們改革開放歷史經驗的深刻總結，又體現了我們在新時代全面深化改革一開始就保持了馬克思主義的清醒。

　　習近平總書記提出的這「三個有」，強調的是中國改革開放必須毫不動搖地堅持的三個根本要求。那麼，我們是怎麼堅持這「三個有」的呢？

　　一是，我們在思想理論上非常清醒，改革不是要改變社會主義，而是要堅持和完善社會主義，探索和建設中國特色社會主義。對於改革，我們一開始就強調，它對於束縛生產力發展的生產關係和上層建築的各個環節即具體制度，是革命；而對於社會主義基本制度，是自我完善。也就是說，改革作為一場新的革命決不是革社會主義的命。習近平總書記說得非常清楚：「世界在發展，社會在進步，不實行改革開放死路一條，搞否定社會主義方向的『改革開放』也是死路一條。在方向問題上，我們頭腦必須十分清醒。我們的方向就是不斷推動社會主義制度自我完善和發展，而不是對社會主義制度改弦更張。我們要堅持四項基本原則這個立國之本，既以四項基本原則保證改革開放的正確方向，又通過改革開放賦予四項基本原則新的時代內涵，排除各種干擾，堅定不移走中國特色社會主義道路。」對於「中國特色社會主義」，習近平總書記也說得很明白：「是社會主義而不是其他什麼主義，科學社會主義基本原則不能丟，丟了就不是社會主義。」這叫什麼？這就叫堅持改革的方向、立場、原則。

　　二是，我們在工作指導中非常清醒，改革不是什麼都要改，不是什麼都要按照一種方式改，必須明確「改什麼、不改什麼」。在經濟體制改革中，我們用社會主義市場經濟取代傳統的計劃經濟是正確的。但在政治體制改革中，如果我們

也是按照這樣「取代型」改革的方式去設計，則是完全錯誤的。這是因為，我們實行的人民代表大會制度、中國共產黨領導的多黨合作和政治協商制度、民族區域自治制度、基層群眾自治制度，無論從建立的歷史條件來講，還是從制度的本質特點來講，都是中國共產黨從中國實際出發創造的民主制度，都是馬克思主義和中國實際相結合的產物，而不是從別人那裏照抄照搬過來的。我們要做的事情，是更好地完善這些制度，而不是用什麼多黨制、兩院制去取代它們。習近平總書記在提出全面深化改革之初，就鮮明地提出了改革中要明確「改什麼、不改什麼」的問題，並說這是問題的「實質」。他的原話是：「不能籠統地說中國改革在某個方面滯後。在某些方面、某個時期，快一點、慢一點是有的，但總體上不存在中國改革哪些方面改了，哪些方面沒有改。問題的實質是改什麼、不改什麼，有些不能改的，再過多長時間也是不改。我們不能邯鄲學步。」因此，在全面深化改革中，我們不能離開改革的方向、立場、原則胡改亂改，而要永遠記住「改什麼、不改什麼」這個「實質」性的問題。

三是，我們在改革的重大歷史關頭非常清醒，既不走封閉僵化的老路，也不走改旗易幟的邪路。回顧改革開放40多年歷程，每當我們面臨一個重大的發展或攻堅的歷史性關頭，就會遇到道路的方向性選擇問題：是走「老路」「邪路」，還是走「新路」？「文化大革命」後的中國，遇到了這樣的選擇。選擇的結果，就是以大無畏的開拓創新精神開闢中國特色社會主義道路，並在思想理論上創立了鄧小平理論。國

內外政治風波發生後的中國，遇到了這樣的選擇。選擇的結果，就是堅持中國特色社會主義道路，並在思想理論上實現了與時俱進，形成了「三個代表」重要思想。進入 21 世紀後的中國，遇到了這樣的選擇。選擇的結果，就是完善和發展中國特色社會主義道路，同時在思想理論上提出了科學發展觀。進入新時代的中國，又一次遇到了這樣的選擇。選擇的結果，就是堅定不移走中國特色社會主義道路，並在理論和實踐的結合上系統回答了「新時代堅持和發展什麼樣的中國特色社會主義、怎樣堅持和發展中國特色社會主義」這一重大時代課題，形成了習近平新時代中國特色社會主義思想。歷史和實踐是最權威的，每當我們的改革發展遇到重大歷史關頭的考驗，用馬克思主義中國化武裝起來的中國共產黨在面臨道路的方向性選擇和歷史性考驗時，選擇的都是「新路」，即中國特色社會主義道路，而不選擇走「老路」或「邪路」。正如習近平總書記一而再、再而三地強調指出的：「我們的改革是在中國特色社會主義道路上不斷前進的改革，既不走封閉僵化的老路，也不走改旗易幟的邪路。」為什麼中國改革開放四十多年沒有犯大的錯誤？就是因為我們在複雜的社會現象中，特別是在改革的方向、立場、原則問題上，始終保持馬克思主義的清醒，在道路及其前進方向問題上沒有做出錯誤的選擇。

綜上所述，我們的改革不是要改變社會主義，而是要堅持和完善社會主義，探索和建設中國特色社會主義；改革不是什麼都要改，不是什麼都要按照一種方式改，必須明確

「改什麼、不改什麼」；在改革的重大歷史關頭既不走封閉僵化的老路，也不走改旗易幟的邪路，始終堅持走中國特色社會主義新路。這三條，一環套一環，環環緊扣，層層深入，告訴了我們什麼才是在改革中應該堅守的方向、立場和原則。

中國制度和治理體系的巨大優越性

在了解了中國制度是怎麼建立、改革和完善起來的，中國在自己的制度創建實踐中已經形成了一個科學的制度體系，並了解了中國對於制度改革和建設的基本觀點後，現在可以集中地來討論一下為什麼說中國制度具有「巨大優越性」這個問題了。

新中國成立以來，特別是改革開放以來，我們為建立健全一個成體系的中國特色社會主義制度，進行了持之以恆的長期探索。黨的十八屆三中全會提出要完善和發展中國特色社會主義制度、推進國家治理體系和治理能力現代化以來，進一步建構了一個中國共產黨實行全面領導的民主集中型的國家治理體系。這一制度和治理體系的優越性十分明顯。

黨的十九屆四中全會從 13 個方面總結了我國國家制度和國家治理體系的顯著優勢：

1. 堅持黨的集中統一領導，堅持黨的科學理論，保持政治穩定，確保國家始終沿着社會主義方向前進的顯著優勢；

2. 堅持人民當家作主，發展人民民主，密切聯繫群眾，緊緊依靠人民推動國家發展的顯著優勢；

3. 堅持全面依法治國，建設社會主義法治國家，切實保障社會公平正義和人民權利的顯著優勢；

4. 堅持全國一盤棋，調動各方面積極性，集中力量辦大事的顯著優勢；

5. 堅持各民族一律平等，鑄牢中華民族共同體意識，實現共同團結奮鬥、共同繁榮發展的顯著優勢；

6. 堅持公有制為主體、多種所有制經濟共同發展和按勞分配為主體、多種分配方式並存，把社會主義制度和市場經濟有機結合起來，不斷解放和發展社會生產力的顯著優勢；

7. 堅持共同的理想信念、價值理念、道德觀念，弘揚中華優秀傳統文化、革命文化、社會主義先進文化，促進全體人民在思想上精神上緊緊團結在一起的顯著優勢；

8. 堅持以人民為中心的發展思想，不斷保障和改善民生、增進人民福祉，走共同富裕道路的顯著優勢；

9. 堅持改革創新、與時俱進，善於自我完善、自我發展，使社會始終充滿生機活力的顯著優勢；

10. 堅持德才兼備、選賢任能，聚天下英才而用之，培養造就更多更優秀人才的顯著優勢；

11. 堅持黨指揮槍，確保人民軍隊絕對忠誠於黨和人民，有力保障國家主權、安全、發展利益的顯著優勢；

12. 堅持「一國兩制」，保持香港、澳門長期繁榮穩定，促進祖國和平統一的顯著優勢；

13. 堅持獨立自主和對外開放相統一，積極參與全球治理，為構建人類命運共同體不斷作出貢獻的顯著優勢。

這 13 個方面的「顯著優勢」，可以說是中國制度具有「巨大優越性」的生動體現。

這種優越性，首先體現在制度的「中國特色」四個字上。世界上各個國家的制度，林林總總，豐富多樣。中國的制度有中國的背景、中國的特色。我們建立的中國特色社會主義制度，包括人民民主專政的國體和一整套相互銜接、相互聯繫的國家制度體系，以及新型政黨制度，都是在中國自己獨特的實踐中形成的。回顧歷史，七十餘年前建立新中國時，中國共產黨人本來的建國構想是「分三步走」，即：「召開政治協商會議」「召集人民代表大會」「成立民主聯合政府」。這是在中共中央 1948 年 4 月 30 日發表的「五一」節口號中昭告天下的。也就是説，中國共產黨的建國構想是：先邀請各黨派代表舉行政治協商會議，再通過普選人民代表召開全國人民代表大會，成立新中國，選舉產生中央人民政府。但由於在大半個中國解放後，戰爭還沒有完全結束，而國家又不能沒有政府。民主黨派中有人向共產黨建議，可以直接通過政治協商會議建國，由政治協商會議代行全國人民代表大會職權。共產黨認為這個建議具有可行性，但不能僅僅由共產黨和民主黨派幾個政黨領袖開一個會來建立新中國，而要讓各界人民的代表都能夠參加政治協商會議，由人民來建立新中國。經過精心籌備，1949 年 9 月 21 日到 30 日，中國人民政治協商會議第一屆全體會議在北平（北京）召開。參加

會議的有全中國所有的民主黨派、人民團體、人民解放軍、各地區、各民族和國外華僑的代表 600 多人。國民黨和追隨他們的黨派，由於長期反對民主、堅持獨裁，並在中國人民獲得解放的前夜已經外逃，他們理所當然不能參加這一建國盛會。因此，新中國的成立是人民對反動派的勝利，是民主對獨裁的勝利。尤其需要指出的是，正是在民主與獨裁的殊死鬥爭中，中國共產黨以自己全心全意為民族獨立和人民解放而奮鬥的模範行動，贏得了人民群眾的信任和擁戴，贏得了各個民主黨派的信任和擁戴，成為全中國人民的領導核心。這樣，在人民民主專政的建國綱領付諸實施的時候，第一個召開的是中國人民政治協商會議，建立的是中國共產黨領導的多黨合作和政治協商制度這一基本政治制度，實行的是中國特色的協商民主。與此同時，形成了單一制國家制度下的民族區域自治制度這一基本政治制度。新中國成立後，在召開全國人民代表大會條件成熟後，中國共產黨就領導人民討論制定中華人民共和國憲法和選舉法，並於 1954 年召開了第一屆全國人民代表大會，建立了既不同於西方兩院制又不同於蘇維埃制度的人民代表大會制度這一根本政治制度。以後，又逐步形成了基層群眾自治制度。改革開放以來，我們又從中國實際出發，在建立社會主義市場經濟體制過程中形成了公有制為主體、多種所有制經濟共同發展的基本經濟制度，健全了社會主義協商民主制度，完善了社會主義文化體制、社會體制、生態文明體制，並在「民主要制度化、法律化」和「依法治國」原則下完善了中國特色社會主義法律

體系。黨的十八大以來，我們又在完善和發展中國特色社會主義制度的進程中建構了現代化的國家治理體系，這就是中國共產黨領導下管理國家的制度體系，包括經濟、政治、文化、社會、生態文明和黨的建設等各領域體制機制、法律法規安排，也就是一整套緊密相連、相互協調的國家制度。我們常說：「草鞋無樣，邊打邊像。」「鞋子合不合腳，自己穿了才知道。」中國特色社會主義制度就是這樣，是在中國自己的實踐中逐步形成，並為中國人民廣泛認同的。講優越性，這是最基本的優越性。

這種優越性，更是體現在制度的「民主性」上。我們的民主是人民民主。我們講要保證和支持人民當家作主，不是一句口號，更不是一句空話。因為，我們實行的民主有兩種形式：選舉民主和協商民主。選舉民主，解決的是領導人怎麼由人民或人民代表選出來的問題；協商民主，解決的是領導人在決策之前和決策之中怎麼充分聽取人民群眾意見的問題。這兩種民主形式結合起來，就是全程的民主。這在世界上是獨一無二的。習近平對此有系統的論述。他說：「實現民主的形式是豐富多樣的，不能拘泥於刻板的模式，更不能說只有一種放之四海而皆準的評判標準。人民是否享有民主權利，要看人民是否在選舉時有投票的權利，也要看人民在日常政治生活中是否有持續參與的權利；要看人民有沒有進行民主選舉的權利，也要看人民有沒有進行民主決策、民主管理、民主監督的權利。」他還說：「人民只有投票的權利而沒有廣泛參與的權利，人民只有在投票時被喚醒、投票後就進

入休眠期，這樣的民主是形式主義的。」[1] 需要指出的是，協商民主，是中國社會主義民主政治中獨特的、獨有的、獨到的民主形式。黨的十八大以來，我們在全面深化改革中已經建立了包括政黨協商、人大協商、政府協商、政協協商、人民團體協商、基層協商以及社會組織協商等廣泛多層制度化的社會主義協商民主體系。這對於完善中國特色社會主義民主政治發揮了很大的作用。

這種優越性，還集中體現在制度的「有效性」上。習近平曾經高度概括地指出，中國特色社會主義制度具有「四個有效性」。這就是：（1）能夠有效保證人民享有更加廣泛、更加充實的權利和自由，保證人民廣泛參加國家治理和社會治理；（2）能夠有效調節國家政治關係，發展充滿活力的政黨關係、民族關係、宗教關係、階層關係、海內外同胞關係，增強民族凝聚力，形成安定團結的政治局面；（3）能夠集中力量辦大事，有效促進社會生產力解放和發展，促進現代化建設各項事業，促進人民生活質量和水平不斷提高；（4）能夠有效維護國家獨立自主，有力維護國家主權、安全、發展利益，維護中國人民和中華民族的福祉。

總之，中國特色社會主義制度是一個符合中國國情並被廣大人民群眾擁護的，具有民主性和有效性等巨大優越性的好制度。

1　《習近平談治國理政》第 2 卷，人民出版社 2017 年版，第 292－293 頁。

中國制度和治理體系的強大生命力

中國制度的「巨大優越性」，還表現在這一制度的「強大生命力」上。新中國七十餘年歷程，是創造輝煌的七十餘年，也是風雨兼程的七十餘年，是在風雨兼程中創造輝煌的七十餘年。我們說中國的國家制度和治理體系具有巨大優越性，還因為這一制度和治理體系具有「千磨萬擊還堅勁」的強大生命力。

中國共產黨是用辯證唯物主義和歷史唯物主義武裝起來的，懂得「人到老年就要死亡，黨也是這樣。階級消滅了，作為階級鬥爭的工具的一切東西，政黨和國家機器，將因其喪失作用，沒有需要，逐步地衰亡下去，完結自己的歷史使命，而走到更高級的人類社會」[1]。與此同時，中國共產黨人最懂得「優越性」與「生命力」之間的辯證關係。首先，中國共產黨人懂得，有「生命力」的東西不一定都有「優越性」，但有「優越性」的東西必定都有「生命力」。中國特色社會主義制度和國家治理體系的「巨大優越性」，一個突出表現，就是這一制度和治理體系具有「強大生命力」。其次，中國共產黨人懂得，強調事物的「生命力」不是說它會一成不變，而是說它總是能夠在「新陳代謝」中不斷茁壯地成長。中國特色社會主義制度和國家治理體系的「強大生命力」，就體

1　《毛澤東選集》第 4 卷，人民出版社 1991 年版，第 1468 頁。

現在這一制度總是能夠在自我革新中自我完善、推陳出新，具有內在的生機和活力。同時，中國共產黨人還懂得，最有「生命力」的東西是在狂風暴雨或嚴酷乾旱的惡劣環境下成長的，是在嚴峻的考驗和鬥爭中成長的。

「千磨萬擊還堅勁，任爾東西南北風。」新中國七十餘年的發展歷程表明，中國特色社會主義制度和國家治理體系之所以能夠面對來自國內外風雲變幻的挑戰而依然那麼鞏固，就在於這一制度和治理體系不僅具有巨大優越性，還能夠順應時代發展的進步潮流，不斷自我更新、與時俱進，保持持久的青春活力，具有強大生命力。

現在，需要我們進一步討論的是，這一制度和國家治理體系的強大生命力是從哪裏來的？

第一，人民，是中國制度和治理體系具有強大生命力的根本源泉。新中國是人民當家作主的國家。在新中國成立之時，毛澤東就明確指出：「我們是人民民主專政，各級政府都要加上『人民』二字，各級政權機關都要加上『人民』二字」。[1]毛澤東強調這一點，既指出我們國家的性質是人民當家作主的國家，又提醒我們黨的各級幹部決不能忘記「人民，只有人民，才是創造歷史的真正動力」這一歷史唯物主義的基本道理。對於已經是國家主人而不再是奴隸的人民來說，隱藏着無窮無盡的創造性和生機活力。歷史表明，人民是新中國歷盡坎坷而不斷發展、越來越強大的根本源泉；人民是

1　《毛澤東文集》第 5 卷，人民出版社 1996 年版，第 135 頁。

在解放思想、改革開放中開闢中國特色社會主義道路，創造中華民族偉大復興奇蹟的根本源泉。人民當家作主，既是中國特色社會主義制度的本質特徵，也是這一制度的生命力之所在。正如習近平在總結新中國成立七十周年的經驗時深刻地指出的：「人民是共和國的堅實根基，人民是我們執政的最大底氣。」[1]

第二，黨的領導，是中國制度和治理體系維繫強大生命力的根本保證。在沒有接受中國共產黨領導之前，中國人民曾經是一盤散沙。中國共產黨一誕生就成為廣大中國人民的主心骨、領導者和組織者。因此，黨的堅強而又正確的領導是中國特色社會主義制度之所以具有生命力的根本保證。不僅如此，中國共產黨是一個清醒的馬克思主義政黨，在掌握全國政權前，就已經認識到奪取全國勝利只是萬里長征走完了第一步，懂得國家權力對於革命黨來說是一把雙刃劍，權力既可以用來為人民謀利益，又會誘使幹部用來為自己謀私利。正如恩格斯說過的：「國家再好也不過是在爭取階級統治的鬥爭中獲勝的無產階級所繼承下來的一個禍害」[2]因此，新中國成立後，特別是改革開放以來，中國共產黨比戰爭年代更重視黨的建設，更重視黨的作風建設、群眾路線建設和反腐倡廉建設，同時不斷提高自己的執政能力，特別是科學決策能力、社會動員能力、國家組織能力、危機化解能力，並

1　《人民日報》2019 年 1 月 1 日。

2　《馬克思恩格斯文集》第 3 卷，人民出版社 2009 年版，第 111 頁。

把創新作為國家發展的不竭動力。正是中國共產黨這種兼有科學性和民主性的領導力、執政力，激發、維繫和保障了最廣大中國人民的積極性、創造性和主動性，從而使得我們的制度和治理體系具有強大的生命力。

第三，實事求是，是中國特色社會主義制度和治理體系具有強大生命力的根本思想路線。中國共產黨在長期的革命、建設和改革進程中，經過千錘百煉，已經形成了「實事求是」這一根本思想路線，因此既能夠以實踐為基礎制定正確路線，又能夠以實踐為標準糾正自己工作中的錯誤，還能夠在不斷發展的實踐中與時俱進，開拓進取，開創一個又一個新天地。正是有了實事求是這一中國化的馬克思主義思想路線，毛澤東才能提出馬克思主義和中國社會主義實踐的「第二次結合」，鄧小平才能開闢中國特色社會主義道路，江澤民才能把中國特色社會主義推進到 21 世紀，胡錦濤才能在新世紀繼續堅持和發展中國特色社會主義，習近平才能開創新時代中國特色社會主義事業發展的全新局面。在中國特色社會主義制度建立、改革和完善的歷史進程中，我們完全可以說，實事求是是中國特色社會主義制度活的靈魂。

第四，民主集中制，是中國特色社會主義制度和治理體系具有強大生命力的根本組織原則。毛澤東提出，我們的目標，是想造成一個又有集中又有民主，又有紀律又有自由，又有統一意志、又有個人心情舒暢、生動活潑，那樣一種政治局面。改革開放以來，從鄧小平到習近平都反覆強調，這就是社會主義民主的政治局面，是我們要努力實現的政治局

面。黨的十八屆三中全會以來,我們以完善和發展中國特色
社會主義制度、推進國家治理體系和治理能力現代化為全面
深化改革的總目標,對在黨政職能分開、政企分開、政社分
開過程中形成的執政黨、政權機構、市場經濟組織和社會等
各個元素進行科學整合,並按照黨對一切工作全面領導的原
則大力推進體制機制和機構改革,形成了既不同於自由主義
又不同於新權威主義的民主集中型國家治理體系。這樣的制
度和治理體系,既充分發揚了民主,又能夠形成集中的而不
是分散的決策,並能夠按照統籌兼顧的原則調節好各種利益
關係。

記得 2019 年 10 月 1 日在慶祝中華人民共和國成立七十
周年大會上,習近平總書記發表了一個重要講話。在這個講
話的結尾,他振臂高呼:「偉大的中華人民共和國萬歲!偉大
的中國共產黨萬歲!偉大的中國人民萬歲!」我當時正在天
安門城樓下的觀禮台上,對此感觸良多,體會到:中華人民
共和國的「萬歲」,正在於中國共產黨的「萬歲」;而中華人
民共和國和中國共產黨的「萬歲」,又在於中國人民的「萬
歲」。於是,回家就寫了一篇短文《繼續把我們的人民共和國
鞏固好發展好》。這篇文章,後來發表在 10 月 9 日的《人民
日報》上。全文如下:

習近平同志在慶祝中華人民共和國成立七十周年大
會上的重要講話,道出了全黨全軍全國各族人民的共同
心聲:「偉大的中華人民共和國萬歲!偉大的中國共產
黨萬歲!偉大的中國人民萬歲!」聆聽這一重要講話,

觀看盛大的閱兵儀式、群眾遊行、聯歡活動，我們心潮澎湃、激動不已。深入學習貫徹習近平同志重要講話精神，就要深刻領會「偉大的中華人民共和國萬歲！偉大的中國共產黨萬歲！偉大的中國人民萬歲！」所展現的大國自信、所闡述的根本經驗、所揭示的永恆真理，繼續把我們的人民共和國鞏固好、發展好。

大國自信：沒有任何力量能夠撼動我們偉大祖國的地位

新中國成立七十年來，我們黨團結帶領全國各族人民取得了舉世矚目的偉大成就，中華民族偉大復興迎來了前所未有的光明前景。同時，當今世界正經歷百年未有之大變局，世界面臨的不穩定性不確定性突出，國際形勢風雲變幻，其中既有機遇，又有挑戰。在實現中華民族偉大復興的關鍵時期，中國能否抓住機遇乘勢而上，能否戰勝挑戰化危為機，整個世界都在關注着。

中國共產黨領導下的中國，從來不懼怕任何挑戰，而且總是能把挑戰轉化為機遇，從而贏得勝利。在 2019 年的新年賀詞中，習近平同志用「七十年披荊斬棘，七十年風雨兼程」精闢而又深刻地總結了新中國七十年走過的極不平凡的歷史征程。七十年來，成立中華人民共和國、實行改革開放、推進新時代中國特色社會主義事業，都是在鬥爭中誕生、在鬥爭中發展、在鬥爭中壯大的。

新中國成立七十年來，我們走過的路充滿艱辛、經

歷過的事極為紛繁複雜。但是，只要我們善於運用習近平同志強調的大歷史觀，把這七十年放到中華民族五千多年文明史中去考察，放到世界社會主義五百年的歷史中去考察，放到中國近代以來近一百八十年的歷史中去考察，放到中國共產黨九十八年來領導革命、建設、改革的歷史中去考察，就能抓住這七十年的歷史本質：對中國人民和中華民族來說，這是滄桑巨變、換了人間的七十年，中華民族迎來了從站起來、富起來到強起來的偉大飛躍。抓住了歷史本質，我們就能更加深刻地理解習近平同志在講話中所闡發的新中國成立的重要意義：「這一偉大事件，徹底改變了近代以後一百多年中國積貧積弱、受人欺凌的悲慘命運，中華民族走上了實現偉大復興的壯闊道路。」

習近平同志指出：「七十年來，全國各族人民同心同德、艱苦奮鬥，取得了令世界刮目相看的偉大成就。」新中國取得的舉世矚目的偉大成就，是全黨全國各族人民同心同德、艱苦奮鬥幹出來的。七十年來，中國經歷過不少大風大浪，遇到過無數風險挑戰。事實證明，這些風浪和挑戰只會讓中國更加發展壯大。正是基於此，習近平同志用無比堅定的語言告訴我們、告訴全世界：「今天，社會主義中國巍然屹立在世界東方，沒有任何力量能夠撼動我們偉大祖國的地位，沒有任何力量能夠阻擋中國人民和中華民族的前進步伐。」我們要從這個意義上理解「偉大的中華人民共和國萬歲」的深刻內涵。

根本經驗：始終堅持中國共產黨領導

一個十四億人口的大國，之所以能夠發生如此深刻的歷史巨變，之所以能夠創造七十年的輝煌並將繼續創造新的輝煌，歸根到底就在於中國共產黨的正確領導。講經驗，這是最根本的經驗。

七十年來中國發生的翻天覆地的變化，就源於中國共產黨的領導，就源於中國人民在中國共產黨的領導下成為革命、建設、改革的主體，就源於中國共產黨在長期探索中開闢的中國特色社會主義道路。習近平同志在講話中強調：「前進征程上，我們要堅持中國共產黨領導，堅持人民主體地位，堅持中國特色社會主義道路，全面貫徹執行黨的基本理論、基本路線、基本方略，不斷滿足人民對美好生活的嚮往，不斷創造新的歷史偉業。」中國共產黨堅持歷史唯物主義，認為人民是歷史的創造者、群眾是真正的英雄，把人民作為決定黨和國家前途命運的根本力量，因而能夠始終堅持人民主體地位。中國特色社會主義是改革開放以來黨的全部理論和實踐的主題，是黨和人民歷盡千辛萬苦、付出巨大代價取得的根本成就。只有堅持中國共產黨領導，我們才能真正堅持中國特色社會主義道路這一實現社會主義現代化、創造人民美好生活的必由之路。

中國共產黨之所以能帶領中國人民取得偉大成就，使社會主義中國巍然屹立在世界東方，是由中國共產黨人的初心和使命決定的。中國共產黨人的初心和使命，

就是為中國人民謀幸福，為中華民族謀復興。這個初心和使命是激勵中國共產黨人不斷前進的根本動力。新中國成立七十年來，中國共產黨人始終不忘初心、牢記使命，領導人民開展社會主義革命和建設、改變一窮二白的國家面貌，領導人民實行改革開放、推進社會主義現代化、開創中國特色社會主義偉大事業，使中國這個古老的東方大國創造了人類歷史上前所未有的發展奇蹟，使中華民族偉大復興迎來了前所未有的光明前景。七十年的歷史充分證明，歷史和人民選擇中國共產黨領導中華民族偉大復興事業是完全正確的，必須長期堅持、永不動搖。

習近平同志在講話中還強調：「前進征程上，我們要堅持『和平統一、一國兩制』的方針，保持香港、澳門長期繁榮穩定，推動海峽兩岸關係和平發展，團結全體中華兒女，繼續為實現祖國完全統一而奮鬥。」「前進征程上，我們要堅持和平發展道路，奉行互利共贏的開放戰略，繼續同世界各國人民一道推動共建人類命運共同體。」這些都是新中國七十年來積累的寶貴經驗，必須倍加珍惜，而這些寶貴經驗都是在中國共產黨的領導下取得的，其核心是堅持中國共產黨領導。

中國共產黨領導是歷史的選擇、人民的選擇。中國特色社會主義最本質的特徵是中國共產黨領導，中國特色社會主義制度的最大優勢是中國共產黨領導。我們要從這個意義上理解「偉大的中國共產黨萬歲」的深刻內涵。

永恆真理：人民是歷史的創造者

習近平同志在講話中擲地有聲地指出：「中國的昨天已經寫在人類的史冊上，中國的今天正在億萬人民手中創造，中國的明天必將更加美好。」中國共產黨的信心和底氣、黨和國家事業發展的不竭動力都來自人民。習近平同志在 2019 年的新年賀詞和春節團拜會上強調：「人民是共和國的堅實根基，人民是我們執政的最大底氣。」「黨和國家事業發展的一切成就，歸功於人民。」人類史冊上的中國輝煌，是中國人民的傑作；今天中國的新輝煌，由中國人民創造；未來中國更加輝煌的美好前景，同樣將在中國人民的不懈奮鬥中實現。人民是歷史的創造者，這是歷史唯物主義所揭示的社會發展的基本規律，是顛撲不破的永恆真理。

中國共產黨是中國工人階級的先鋒隊，同時是中國人民和中華民族的先鋒隊，代表中國最廣大人民的根本利益。中國共產黨人打江山，就是為人民打江山。中國共產黨人用「愚公移山」的故事告誡自己：「移山」，不僅要有先鋒隊的覺悟和堅持，更要依靠人民大眾這個「上帝」。中國共產黨代表人民、為了人民、依靠人民，歸根到底是要讓人民當家作主。新中國成立之初，毛澤東同志就強調：「我們是人民民主專政，各級政府都要加上『人民』二字，各種政權機關都要加上『人民』二字。」因此，越是強調加強黨對一切工作的領導，越是要堅守人民立場，越是要堅持以人民為中心。

中國特色社會主義已經進入新時代，奪取新時代中國特色社會主義偉大勝利，必須進行具有許多新的歷史特點的偉大鬥爭。習近平同志強調：「新征程上，不管亂雲飛渡、風吹浪打，我們都要緊緊依靠人民，堅持自力更生、艱苦奮鬥，以堅如磐石的信心、只爭朝夕的勁頭、堅韌不拔的毅力，一步一個腳印把前無古人的偉大事業推向前進。」只要始終堅持以人民為中心，就一定能夠無往而不勝，把我們的人民共和國鞏固好、發展好，實現「兩個一百年」奮鬥目標、實現中華民族偉大復興的中國夢。

中國共產黨的生命力、新中國的生命力，都源自人民。一切成就都歸功於人民，一切榮耀都歸屬於人民。我們要從這個意義上理解「偉大的中國人民萬歲」的深刻內涵。

在深入研究中國特色社會主義制度和國家治理體系「巨大優越性」和「強大生命力」的時候，再一次想起習近平總書記在新中國成立七十周年慶祝大會上高呼的「三個萬歲」。中華人民共和國萬歲，講的就是中國共產黨領導中國人民建立的中華人民共和國的國家制度和治理體系，是有「巨大優越性」和「強大生命力」的；而這一國家制度和治理體系的「巨大優越性」和「強大生命力」，歸根到底，來源於偉大的中國共產黨，來源於偉大的中國人民。因此，只要「偉大的中國共產黨萬歲」「偉大的中國人民萬歲」，就一定會有「偉大的中華人民共和國萬歲」。

中國制度和治理體系具有特殊的剛性和韌性

我們討論了中國制度和治理體系的「巨大優越性」，同時又指出這一制度和治理體系的「巨大優越性」還表現在它有着「強大生命力」，這種「強大生命力」突出地表現在它能夠經受各種挑戰和考驗。也就是說，這一制度和治理體系特別堅韌，具有特殊的剛性和韌性。

我們知道，中國特色社會主義是馬克思主義基本原理與當代中國實際和時代特徵相結合的產物。這種結合，內在地包括了原則性和靈活性的統一，從根本上決定了中國特色社會主義制度既有剛性又有韌性，因而它能夠經受住那麼多的挑戰和考驗而不斷向前發展。

中國特色社會主義制度具有特殊的剛性和韌性，這是其特點和優點。回顧歷史，自改革開放以來，我們至少經歷了一系列嚴峻考驗。

一是撥亂反正的考驗。我們堅持解放思想、實事求是的思想路線，不走老路，不走邪路，完成了黨在指導思想上的撥亂反正，為新時期現代化建設創造了重要條件。

二是改革開放的考驗。從農村家庭聯產承包責任制改革到發展個體私營經濟，從建立四個經濟特區到全方位對外開放，從建立社會主義市場經濟體制到全面深化改革，我們黨以巨大的政治勇氣銳意推進改革，不斷擴大開放，使中國贏得了前所未有快速發展的好形勢。

　　三是蘇東劇變的考驗。在蘇東劇變、世界社會主義遭遇嚴重挫折之時，我們不僅成功捍衛了社會主義事業，而且吸取教訓，把中國特色社會主義勝利向前推進。

　　四是特大自然災害的考驗。在洪澇、地震等特大自然災害面前，我們同舟共濟、共渡難關，展現了「集中力量辦大事」的制度優勢、黨和政府的組織能力以及嶄新的社會風貌。

　　五是國際金融危機的考驗。我們成功應對了 1997 年亞洲金融危機和 2008 年國際金融危機的衝擊，實現了經濟穩定、持續、健康發展。

　　六是消極腐敗的考驗。一些黨員幹部經受不住利益誘惑，滑入腐敗深淵。我們秉承「治國必先治黨，治黨務必從嚴」的要求，以零容忍態度開展反腐敗鬥爭，贏得了黨心民心。

　　七是全面深化改革和全面推進依法治國的考驗。經過四十多年的改革發展，我們取得了歷史性進步，也遇到諸多新問題。在「四個全面」戰略佈局下，以全面建成小康社會為戰略目標，全面深化改革、全面依法治國、全面從嚴治黨共同推進，我們開始了新的偉大征程。

　　儘管考驗還沒有完結，但在經受考驗時已經展示了中國共產黨的執政能力和中國特色社會主義制度的剛性和韌性，這種剛性和韌性是我們制度自信的重要根據。

　　要問中國特色社會主義制度的剛性和韌性是從哪裏來的？其基礎就是在改革開放過程中鍛造的、具有張力的國家治理結構。

　　在推進經濟體制改革、探索社會主義市場經濟的過程

中，我們逐步理清了政府與市場的關係；在探索社會體制改革的過程中，又逐步明確了政府與社會的關係。這樣，就形成了政府、市場、社會三者既各自獨立又相互聯繫的國家治理結構。用幾何圖形來描繪，這是一個三角形的結構。而且，這個三角形的三條邊都是流動的、互動的，即政府與市場、政府與社會、市場與社會之間相互作用，因此這個結構不僅具有三角形的穩定性，而且是一個具有內在張力的穩定結構。

還要指出的是，在改革開放過程中，我們既強調始終堅持黨的領導，又探索黨的領導方式和執政方式的創新，提出黨與政府、市場、社會之間要形成新型領導關係。這樣，在政府、市場、社會構成的三角形之上又有黨的領導，黨和政府、市場、社會之間也有互動的關係，於是形成了有張力的國家治理結構。

這樣的國家治理結構，不僅具有抵禦各種風險的剛性，而且具有應對內在問題和外在衝擊時始終堅忍不拔、不會斷裂的韌性，使我們對中國特色社會主義制度充滿自信。

還要指出，中國特色社會主義制度的剛性和韌性，不僅源於具有張力的國家治理結構，還有更深刻的根源，即我們的歷史和文化。

歷史：我國新民主主義革命是在爭取民族獨立和人民解放、求得國家富強和人民幸福的歷史大背景下發生的，領導這一革命的中國共產黨不僅以無產階級為階級基礎，而且通過最廣泛的統一戰線團結和聯合最廣泛的革命力量。新中國建立後，我們形成了中國共產黨領導的多黨合作和政治協商

制度，在建立人民代表大會制度的同時繼續發揮人民政協的作用，實行了選舉民主和協商民主相結合、具有中國特色的民主形式。這一獨特的民主政治路徑，從根本上決定了中國的政治制度是有自己特色的社會主義政治制度，決定了在完善這一制度的進程中能夠將剛性與韌性融於一體。

文化：中國特色社會主義制度深深紮根於我們的文化之中，這是其深得人心的重要原因。我們的文化是有自己鮮明民族特點並兼具包容開放功能的文化。將馬克思主義基本原理與我國具體國情結合而開闢的中國特色社會主義道路，既反映了中國的基本國情和中國人民建設社會主義的實踐經驗，又體現了中國文化特別是中國人思維方式的特點，有着深厚歷史淵源和廣泛現實基礎。這種歷史和文化的力量是無形的，卻又非常強大。它決定了我們的制度具有特殊的剛性和韌性，是任何外部力量都壓不垮、推不翻的。

講中國特色社會主義制度具有韌性，並不代表我們沒有危機意識。能否充分發揮制度優勢，關鍵取決於我們的執政黨能否始終保持先進性。中國共產黨是一個具有自我革新精神、自我淨化功能的黨，能夠主動適應實踐和時代變化，不斷與時俱進。

以馬克思主義為指導，中國共產黨在一百年的發展歷程中形成了許多特質和優點。中國共產黨既有全心全意為人民服務的根本宗旨，又有實事求是的思想路線，是一個為民主和科學而奮鬥的政黨；既立足中國基本國情，又順應世界發展潮流，是一個具有世界眼光和戰略思維的政黨；既堅持黨

內民主，又堅持黨的集中統一，是一個能夠吸引和凝聚人民力量的政黨；既有原則性，又有靈活性，是一個敢於鬥爭又善於應對各種困難和風險的政黨；既能夠為人民堅持真理，又能夠為人民修正錯誤，是一個真正沒有私利的政黨；既重視學習，又善於學習，是一個能夠在不停頓的學習中提升素質和能力的政黨。正是這些特質和優點，決定了中國共產黨能夠自覺清除肌體中的「垃圾」和「毒瘤」，始終保持生機和活力。在這樣一個政黨領導下的中國特色社會主義制度，必然具有抗擊和抵禦各種風險的強大韌性。

總之，中國特色社會主義制度和治理體系不是「暖房裏的花朵」，它的「巨大優越性」和「強大生命力」是在各種各樣嚴峻的挑戰和考驗中形成的，具有特殊的剛性和韌性。

在守正創新中堅持和完善中國特色社會主義制度

實踐告訴我們，制度是關係黨和國家事業發展的根本性、全局性、穩定性、長期性問題。中國特色社會主義制度和國家治理體系經過長期實踐檢驗，來之不易，必須倍加珍惜。

我們知道，中國特色社會主義制度是黨和人民在長期實踐探索中形成的科學制度體系，我國國家治理一切工作和活動都依照中國特色社會主義制度展開，我國國家治理體系和治理能力是中國特色社會主義制度及其執行能力的集中體

現。正如習近平總書記在黨的十九屆四中全會第二次全體會議上強調指出的:「這次全會總結實踐經驗,在我們黨已經明確的根本制度、基本制度、重要制度的基礎上作出一些新的概括,比如,把社會主義基本經濟制度確定為『公有制為主體、多種所有制經濟共同發展,按勞分配為主體、多種分配方式並存,社會主義市場經濟體制等社會主義基本經濟制度』,明確提出『堅持馬克思主義在意識形態領域指導地位的根本制度』,對中國特色社會主義法治體系、中國特色社會主義行政體制、繁榮發展社會主義先進文化的制度、統籌城鄉的民生保障制度、共建共治共享的社會治理制度、生態文明制度體系、黨對人民軍隊的絕對領導制度、『一國兩制』制度體系、黨和國家監督體系等也進一步作出闡述。」[1]因此,我們要充分認識中國特色社會主義制度的本質特徵和優越性,堅定制度自信,在守正創新中堅持和完善中國特色社會主義制度,為不斷滿足人民對美好生活的新期待、戰勝前進道路上的各種風險挑戰奠定堅實基礎。

需要指出的是,習近平總書記在黨的十九屆四中全會把《中共中央關於堅持和完善中國特色社會主義制度,推進國家治理體系和治理能力現代化若干重大問題的決定》提交給中央委員和中央候補委員討論審議的時候,作了一個重要的說明。在這個說明中,提出和使用了兩個重要範疇:一是貫穿

---

1 習近平:〈堅持和完善中國特色社會主義制度 推進國家治理體系和治理能力現代化〉,《求是》2020 年第 1 期,第 10 – 11 頁。

於整個「說明」全文的基本範疇是「制度建設和治理能力建設」。[1] 二是強調整個「說明」以及《決定》要回答的是「堅持和鞏固什麼，完善和發展什麼」[2] 這兩個問題。聯繫中國特色社會主義制度從「初步建立」到提出「制度改革」，再到在改革中「制度更加成熟更加定型」，再到「完善和發展中國特色社會主義制度、推進國家治理體系和治理能力現代化」這樣的歷史發展進程，我們可以體會到，現在已經到了「制度建設和治理能力建設」的階段。「制度建設和治理能力建設」包括兩個方面的任務：一是要「堅持和鞏固」已經成熟和定型的制度；二是要「完善和發展」需要進一步改革和創新的制度。

這兩個方面的任務，概括起來，就是四個字：「守正創新」。因此，我們當前學習貫徹黨的十九屆四中全會精神，就是要在守正創新中堅持和完善中國特色社會主義制度。

一要守正，堅持和鞏固中國特色社會主義制度。

我們之所以要堅持和鞏固中國特色社會主義制度，是因為我們倍感自信的中國特色社會主義制度，是我們自己創造的，是中國共產黨帶領中國各族人民在革命、建設、改革的長期實踐探索中確立和完善起來的。比如，社會主義市場經濟體制是對市場經濟模式的重大創新，它既具有市場經濟的普遍特徵，又把社會主義制度的優勢和市場經濟的長處結合起來，是在社會主義條件下發展市場經濟的偉大創舉。正如

1　《人民日報》2019 年 11 月 6 日。

2　《人民日報》2019 年 11 月 6 日。

習近平總書記指出的：「治理一個國家，推動一個國家實現現代化，並不只有西方制度模式這一條道，各國完全可以走出自己的道路來。」「鞋子合不合腳，只有穿的人才知道。」新中國成立以來特別是改革開放以來，我國綜合國力大幅提升，人民生活水平極大改善，創造了世所罕見的奇蹟。中國人民切身感受到，中國特色社會主義制度是保障和促進當代中國發展進步的科學制度體系。

我們之所以要堅持和鞏固中國特色社會主義制度，還因為這一制度和國家治理體系植根中國大地，具有深厚中華文化根基。習近平總書記說過：「一個國家選擇什麼樣的治理體系，是由這個國家的歷史傳承、文化傳統、經濟社會發展水平決定的，是由這個國家的人民決定的。」比如，中國共產黨領導的多黨合作和政治協商制度是從中國土壤中生長出來的新型政黨制度，不僅符合當代中國實際，也符合中華民族一貫倡導的天下為公、兼容並蓄、求同存異的優秀傳統文化，體現出獨特優勢和作用。長期來，我們黨堅持以馬克思主義為指導，把馬克思主義基本原理同中國具體實際結合起來，深深紮根中國社會土壤，汲取中華優秀傳統文化的充沛養分，並不斷借鑒吸收其他制度文明成果的長處，在古老的東方大國建立起具有中國特色的新型國家制度和國家治理體系，也為人類探索建設更好社會制度貢獻了中國智慧和中國方案。

我們之所以要堅持和鞏固中國特色社會主義制度，更是因為這一制度和國家治理體系有效管用，深得人民擁護。

中國特色社會主義制度好不好，從根本上說，要看事實，尤
其要看中國人民的判斷。伴隨着中國特色社會主義制度的建
立、改革和完善，我們國家從新中國成立初期的「一窮二白」
到現在成為世界第二大經濟體；從過去缺吃少穿、生活困頓
到現在全民追求生活品質、文化娛樂豐富，中國人民過上了
以往難以想像的新生活；從過去被封鎖被威脅到現在日益走
近世界舞台中央，中國的國際地位空前提高。歷史和實踐充
分證明：中國特色社會主義制度為解放和發展社會生產力、
解放和增強社會活力、永葆黨和國家生機活力提供了有力保
證，為保持社會大局穩定、保證人民安居樂業、保障國家安
全提供了有力保證。

　　我們之所以要堅持和鞏固中國特色社會主義制度，從根
本上說，如同習近平總書記在黨的十九屆四中全會第二次全
體會議上強調的，「中國特色社會主義制度是一個嚴密完整的
科學制度體系，起四樑八柱作用的是根本制度、基本制度、
重要制度，其中具有統領地位的是黨的領導制度。黨的領導
制度是我國的根本領導制度」。他指出：「黨的十八大以來，
我們鮮明提出『中國特色社會主義最本質的特徵是中國共產
黨領導，中國特色社會主義制度的最大優勢是中國共產黨領
導，黨是最高政治領導力量』。這次全會強調，『必須堅持黨
政軍民學、東西南北中，黨是領導一切的，堅決維護黨中央
權威，健全總攬全局、協調各方的黨的領導制度體系，把黨
的領導落實到國家治理各領域各方面各環節』。這是黨領導人
民進行革命、建設、改革最可寶貴的經驗。我們推進各方面

制度建設、推動各項事業發展、加強和改進各方面工作，都必須堅持黨的領導，自覺貫徹黨總攬全局、協調各方的根本要求。」[1] 因此，我們在加強制度建設和治理能力建設時，首先要守正，堅持和鞏固中國特色社會主義制度。

總之，中國特色社會主義根本制度、基本制度、重要制度，是對黨和國家各方面事業作出的制度安排。我們無論是編制發展規劃、推進法治建設、制定政策措施，還是部署各項工作，都要遵照這些制度，不能有任何偏差。我們講領導幹部特別是高級幹部要增強政治敏銳性和政治鑒別力、提高政治能力，很重要的一條就是必須堅定不移堅持這些制度，想問題、作決策、抓落實都要自覺對標對表。涉及方向性問題，必須以這些制度為準星。涉及制度層面的大是大非問題，必須旗幟鮮明、立場堅定，不能有絲毫含糊。

二要創新，完善和發展中國特色社會主義制度。

我們知道，中國特色社會主義制度之所以能夠不斷完善發展，其根本原因，在於我們總是能夠根據時代、實踐和人民的要求推進制度改革創新。建設社會主義現代化國家、實現中華民族偉大復興，是中國共產黨孜孜以求的宏偉目標，因此，協同推進社會革命和自我革命的步伐決不會懈怠、更不會停頓，由此決定了中國各方面的體制機制能夠在改革創新、與時俱進中更加適應發展要求、人民期盼。

事實上，制度建立也好，制度改革也好，制度更加成熟更加定型也好，制度創新完善始終是一個動態過程，治理能力現代化提升也是一個動態過程，不可能一蹴而就，也不可能一勞永逸。中國特色社會主義制度就是在中國共產黨創新精神引領和推動下，不斷完善和發展起來的。因此，我們提出的國家制度和國家治理體系建設的目標必須隨着實踐發展而與時俱進，既不能過於理想化、急於求成，也不能盲目自滿、故步自封。正如習近平總書記在黨的十九屆四中全會第二次全體會議上指出的：「隨着中國特色社會主義進入新時代，我國發展處於新的歷史方位，我國社會主要矛盾已經轉化為人民日益增長的美好生活需要和不平衡不充分的發展之間的矛盾，我國國家治理面臨許多新任務新要求，必然要求中國特色社會主義制度和國家治理體系更加完善、不斷發展。」[1] 今天，在以習近平同志為核心的黨中央領導下，中國特色社會主義制度和國家治理體系自我完善、自我發展的能力正在不斷增強。

回顧歷史，新中國成立後，中國共產黨創造性地開闢了一條適合中國國情的社會主義改造道路，團結帶領人民完成社會主義革命，確立社會主義基本制度，推進社會主義建設，完成了中華民族有史以來最為廣泛而深刻的社會變革。特別是，我們確立的人民代表大會制度這一根本政治制度和

1　習近平：〈堅持和完善中國特色社會主義制度　推進國家治理體系和治理能力現代化〉，《求是》2020 年第 1 期，第 12 頁。

中國共產黨領導的多黨合作和政治協商制度、民族區域自治制度等基本政治制度，為當代中國一切發展進步奠定了根本政治前提和制度基礎。黨的十一屆三中全會後，中國共產黨領導改革開放，開啟制度改革新征程。隨着改革開放逐步深化，我們黨對制度改革和制度建設的認識越來越深入。特別是，我們在改革開放中建立的社會主義市場經濟體制和公有制為主體多種所有制共同發展、按勞分配為主體多種分配方式並存的基本經濟制度，以及中國特色社會主義法治體系等等，都是制度創新的重大成果。黨的十四大、十五大、十六大、十七大不僅對制度改革和制度建設提出了明確要求，而且取得了明顯的成效。中國特色社會主義根本制度、基本制度、重要制度日益得到堅持和鞏固、完善和發展。

黨的十八大以來，以習近平同志為核心的黨中央把制度建設擺到更加突出的位置，使中國特色社會主義制度日趨成熟定型，為推動黨和國家事業取得歷史性成就、發生歷史性變革發揮了重大作用。黨的十八屆三中全會首次提出「推進國家治理體系和治理能力現代化」這個重大命題，並把「完善和發展中國特色社會主義制度，推進國家治理體系和治理能力現代化」確定為全面深化改革的總目標。黨的十九大作出到本世紀中葉把我國建成富強民主文明和諧美麗的社會主義現代化強國的戰略安排。黨的十九屆四中全會專題研究堅持和完善中國特色社會主義制度、推進國家治理體系和治理能力現代化問題，全會通過的《決定》從黨和國家事業發展的全局和長遠出發，準確把握我國國家制度和國家治理體系

的演進方向和規律，深刻回答了在國家制度和國家治理體系上應該「堅持和鞏固什麼、完善和發展什麼」這個重大政治問題，既闡明了必須牢牢堅持的重大制度和原則，又部署了推進制度建設的重大任務和舉措，必將對推動各方面制度更加成熟更加定型，把我國制度優勢更好轉化為國家治理效能產生重大而深遠的影響。

從中國特色社會主義制度和國家治理體系形成和發展的歷程可以清楚看到，我國國家制度和國家治理體系是黨和人民長期奮鬥、接力探索、歷盡千辛萬苦、付出巨大代價得來的，是中國革命、建設、改革的必然產物。這個經驗，就是在創新中完善和發展中國特色社會主義制度。

在黨的十九屆四中全會上，習近平總書記對於要在創新中完善和發展中國特色社會主義制度這一問題作了極其重要的論述。他在引用了宋代蘇軾在《思治論》中説的「犯其至難而圖其至遠」後指出，這句話的意思是，「向最難之處攻堅，追求最遠大的目標」。他明確指出：「這次全會提出的目標和任務，很多都是我國國家制度和國家治理體系建設中的空白點和薄弱點，具有鮮明的問題導向。在實際工作中，必須突出堅持和完善支撐中國特色社會主義制度的根本制度、基本制度、重要制度，力固根基、揚優勢、補短板、強弱項，構建系統完備、科學規範、運行有效的制度體系。」[1]

1　習近平：〈堅持和完善中國特色社會主義制度　推進國家治理體系和治理能力現代化〉，《求是》2020 年第 1 期，第 12 頁。

因此，他要求我們在貫徹落實全會精神時，必須緊密結合已經部署的各項改革任務，形成一體推動、一體落實的有效工作機制。既要排查梳理之前各項改革任務的完成情況，已經完成的要鞏固深化，尚未完成的要繼續推進，又要把這次全會部署的任務及時納入工作日程，實現有機銜接和貫通，確保取得紮紮實實的成效。他還說，各級黨委（黨組）要在黨中央統一領導下，緊密結合本地區本部門本單位實際，推進制度創新和治理能力建設，抓緊就黨中央明確的國家治理急需的制度、滿足人民對美好生活新期待必備的制度進行研究和部署。要鼓勵基層大膽創新、大膽探索，及時對基層創造的行之有效的治理理念、治理方式、治理手段進行總結和提煉，不斷推動各方面制度完善和發展。需要強調的是，各地區各部門各單位進行制度創新和治理能力建設既要積極主動，又要遵循黨中央統一部署和國家法律制度規定，不能不講規制，不能不守章法，更不能草率行事，關鍵是把全會確定的目標任務落到實處。

三要堅持守正與創新的辯證統一，加強制度建設和治理能力建設。

我們知道，新時代改革開放具有許多新的內涵和特點，其中很重要的一點就是制度建設分量更重，改革更多面對的是深層次體制機制問題，對改革頂層設計的要求更高，對改革的系統性、整體性、協同性要求更強，相應地建章立制、構建體系的任務更重。當今世界正經歷百年未有之大變局，國際形勢複雜多變，我們面臨的風險挑戰空前嚴峻。堅定制

度自信，既要充分認識我國國家制度和國家治理體系的本質特徵和顯著優勢，知其來之不易，對之倍加珍惜；又要通過完善和發展，推動各方面制度更加成熟更加定型，推進國家治理體系和治理能力現代化，推動制度優勢轉化為治理效能，以制度威力應對風險挑戰的衝擊。

因此，堅持和完善中國特色社會主義制度，要把握好「守正」與「創新」的辯證關係。我們應該懂得，制度創新是在守正前提下的創新，堅定不移走中國特色社會主義道路這一大方向任何時候都不能改變和動搖；制度守正是在創新過程中的守正，要把堅持和完善中國特色社會主義制度的大方向同推進治理體系和治理能力現代化的總要求有機結合起來，不解決制度建設的空白點和薄弱點就不能達到制度守正的目的和要求。黨的十九屆四中全會通過的決定全面回答了在我國國家制度和國家治理體系上應該「堅持和鞏固什麼、完善和發展什麼」這個重大政治問題，既闡明了必須牢牢堅持的重大制度和原則，又部署了推進制度建設的重大任務和舉措，體現的正是「守正」與「創新」的辯證統一。

習近平總書記指出：「我們黨立志於中華民族千秋偉業，不僅要保持中國特色社會主義制度和國家治理體系的穩定性和延續性，而且要不斷增強其發展性和創新性，推動中國特色社會主義制度更加成熟更加定型，為確保中國特色社會主義事業長盛不衰、實現中華民族偉大復興提供牢靠而持久的制度保證。」我們要更好地把堅定制度自信和不斷改革創新有機統一起來，推動中國特色社會主義制度不斷完善和發

展，永葆生機活力。

我們是馬克思主義者，懂得社會主義社會是一個不斷變革的社會，中國特色社會主義制度是一套在改革開放中不斷自我完善、具有強大生命力和巨大優越性的制度體系。因此，中國特色社會主義制度不會固步自封，而會着眼於形勢變化、任務變化，在解決實際問題中不斷實現重大制度改革創新；在保持自身特色的同時，充分吸收借鑒人類制度文明的有益成果。

制度的生命力在執行

我們在守正創新中堅持和完善中國特色社會主義制度，目標已明確，關鍵在執行。古人說：「小治治事，中治治人，大治治制。」只有「治制」，才能「治事」「治人」，才能實現「天下大治」。黨的十九屆四中全會要求我們，要把我國制度優勢更好轉化為國家治理效能，為實現「兩個一百年」奮鬥目標、實現中華民族偉大復興的中國夢提供有力保證。

習近平總書記在黨的十九屆四中全會第二次全體會議上談到全會精神貫徹落實的時候指出：「這次全會對堅持和完善中國特色社會主義制度、推進國家治理體系和治理能力現代化作出了全面部署，提出了明確要求。我們要科學謀劃、精心組織、遠近結合、整體推進，確保全會確定的各項目標任

務全面落實到位。要抓好三件事，一是堅持和鞏固，二是完善和發展，三是遵守和執行。」[1] 也就是説，我們不僅要抓好「堅持和鞏固」「完善和發展」，還要抓好「遵守和執行」；要在「遵守和執行」中落實「堅持和鞏固」「完善和發展」。

制度的生命力在於執行。對於我們這個具有小生產經濟悠久傳統的國度，要做到嚴格遵守和執行制度並不容易。在現實生活中，我們常常見到有的人對制度缺乏敬畏，根本不按照制度行事，甚至隨意更改制度；有的人千方百計鑽制度空子、打擦邊球；有的人不敢也不願遵守制度，甚至極力逃避制度的監管；等等。因此，必須強化制度執行力，加強對制度執行的監督。

在黨的十九屆四中全會第二次全體會議上，習近平總書記對怎麼嚴格遵守和執行制度，對各級黨委和政府以及各級領導幹部講了三段話：

一是，各級黨委和政府以及各級領導幹部要切實強化制度意識，帶頭維護制度權威，做制度執行的表率，確保黨和國家重大決策部署、重大工作安排都按照制度要求落到實處，切實防止各自為政、標準不一、寬嚴失度等問題的發生，充分發揮制度指引方向、規範行為、提高效率、維護穩定、防範化解風險的重要作用。要構建全覆蓋的制度執行監督機制，把制度執行和監督貫穿區域治理、部門治理、行業

1　習近平：〈堅持和完善中國特色社會主義制度　推進國家治理體系和治理能力現代化〉，《求是》2020 年第 1 期，第 10 頁。

治理、基層治理、單位治理的全過程，堅決杜絕制度執行上做選擇、搞變通、打折扣的現象，嚴肅查處有令不行、有禁不止、陽奉陰違的行為，確保制度時時生威、處處有效。要把提高治理能力作為新時代幹部隊伍建設的重大任務，引導廣大幹部提高運用制度幹事創業能力，嚴格按照制度履行職責、行使權力、開展工作。

二是，各級黨組織特別是黨委宣傳部門要組織開展中國特色社會主義制度宣傳教育，引導全黨全社會充分認識中國特色社會主義制度的本質特徵和優越性，充分認識中國特色社會主義制度和國家治理體系經過長期實踐檢驗，來之不易，必須倍加珍惜；完善和發展我國國家制度和國家治理體系，必須堅持從國情出發、從實際出發，既把握長期形成的歷史傳承，又把握黨和人民在我國國家制度建設和國家治理方面走過的道路、積累的經驗、形成的原則，不能照抄照搬他國制度模式。要把制度自信教育貫穿國民教育全過程，把制度自信的種子播撒進青少年心靈。要積極創新話語體系、提升傳播能力，面向海內外講好中國制度的故事，不斷增強我國國家制度和國家治理體系的說服力和感召力。

三是，各級黨委（黨組）要按照黨中央部署，精心組織好全會精神宣講，有針對性地向廣大幹部群眾做好分層分類宣傳教育，確保全會精神深入人心。要加強對全會精神貫徹落實情況的監督檢查。中央有關方面要及時掌握各地區各部門相關工作進展情況，適時向黨中央報告。要注意總結各地

區各部門貫徹落實全會精神的好做法好經驗。中央深改委要統籌抓好這次全會部署的各項改革任務的落實。

總之，如同習近平總書記指出的，堅持和完善中國特色社會主義制度、推進國家治理體系和治理能力現代化既是一項長期戰略任務，又是一個重大現實課題，我們要增強政治責任感和歷史使命感，堅定信心，保持定力，銳意進取，開拓創新，完成好這次全會確定的各項任務，為實現「兩個一百年」奮鬥目標、實現中華民族偉大復興的中國夢提供有力保證。

抗擊新冠肺炎疫情考出中國制度和治理體系的獨特優越性

習近平總書記指出：「這次新冠肺炎疫情來勢洶洶，對各國都是一次大考。」新冠病毒帶來的大考，不像戰爭那樣是你死我活的大考，而是所有人誰都有可能死亡的大考。中國進入考場時面對的是「不明原因肺炎」，其他國家進入考場時面對的是中國付出代價已經探明的「新冠病毒肺炎」。但是在世界還沒有研製出制服新冠病毒的疫苗之前，只有動員全社會的力量才能控制疫情的擴散和傳播。這場大考，顯然早已超出狹義的「醫療衛生」範疇，而是對各個國家的制度和治理體系以及治理能力的一次大考。

抗擊新冠肺炎疫情，彰顯中國特色社會主義制度和國家治理體系的巨大優越性

這場大考一開始，西方許多人就把鋒芒指向中國制度和國家治理體系。俄羅斯知名學者塔夫羅夫斯基在《新冠病毒和政治病毒》中，回顧了這次疫情暴發後西方對中國制度的抹黑三階段：第一階段，批評中國對武漢上千萬人口實行「嚴厲的隔離」；第二階段，抨擊中國在全國實施的防控措施「效率低下」；第三階段，妄稱疫情發生和蔓延表明「中國政治體制的失敗」。中國制度和治理體系就是這樣，在全世界矚目甚至有人不遺餘力抹黑下參加了這場大考。雖然不能說中國對每一道考題都解答得盡善盡美，但是，令西方一些人失望的是，中國的國家制度和治理體系在整個疫情防控以及復工復產中已經充分彰顯其獨特的優勢和優越性，考出了一個好成績。2020 年 9 月 8 日，全國抗擊新冠肺炎疫情表彰大會在北京人民大會堂隆重舉行，標誌着中國抗擊新冠肺炎疫情取得重大戰略成果。

當這次疫情暴發時，西方一些人幸災樂禍，大肆炒作，把人們因病原體「不明」而引起的各種聲音看作是中國人民對中國制度和中國共產黨的抗議。中國制度和治理體系的「合法性」問題，再次擺到了我們面前。

針對國際社會一些人對中國道路、中國制度的質疑，習近平曾經指出：「鞋子合不合腳，自己穿了才知道。」這裏講的「合腳」，從哲學上講，就是適合中國實際，符合中國社會

發展規律，就是合真理性；從政治學上講，就是社會廣泛的認同，就是合法性。我們注意到，在這次中國人民抗擊新冠肺炎疫情的鬥爭中，人們用得最多的兩個成語是「萬眾一心」和「眾志成城」。中國特色社會主義制度如果不具有合法性，十四億中國人民能夠達到這樣高度齊心協力的程度？其實，看一個制度是否具有合法性，就看生活在這個制度下的人民群眾能否「萬眾一心」「眾志成城」，特別是在這個制度面臨嚴峻挑戰的時候能否「萬眾一心」「眾志成城」。十四億中國人民在抗擊疫情中展現的「萬眾一心」和「眾志成城」，就是中國制度合法性最簡明也最生動的體現。

中國制度的合法性，來源於中國制度的人民性。西方國家的政黨，一事當頭，先考慮黨派利益及其背後資本的利益。這在抗擊新冠肺炎疫情中展現得淋漓盡致。中國共產黨和西方國家的政黨不同，它不是某一部分人利益的代表，而是中國最廣大人民根本利益的代表，不僅在黨章中對此有明確的要求，還在實際工作中也決不允許黨內任何一個人以權謀私。這次抗擊新冠肺炎疫情一開始，習近平總書記就要求「各級黨委和政府及有關部門把人民群眾生命安全和身體健康放在第一位」。中國共產黨和政府在抗擊新冠肺炎疫情的鬥爭中採取的一切措施，包括舉世矚目的「封城」，都體現了這一要求。凡事以人民為重，堅持以人民為中心，是中國黨和政府應對這次疫情的根本原則。需要指出的是，這不僅反映了這次抗擊疫情的根本特點，而且體現了中國制度和國家治理體系的本質要求。

中國制度的有效性，更是留給人們最強烈的印象。中國是第一個進入全球抗擊疫情大考場的國家。由於中國採取了嚴格的管控隔離措施和科學精準的救治方案，以病毒感染率0.0059%、死亡率0.04%、治癒率93%的戰績，贏得了防控疫情的階段性勝利。有專家指出，如果當時不採取果斷的武漢「封城」措施，不採取嚴格的城鄉社區管控隔離措施，被感染者和死亡者都會成倍增加，甚至像現在歐美國家那樣按指數增加。這不僅充分證明了中國抗擊新冠肺炎疫情的決策和採取的措施是正確的，而且凸顯了中國制度和治理體系是有效的。中國制度和治理體系各個方面優勢的「合力」，已經轉化為巨大的治理效能，為中國儘早結束這場戰「疫」發揮了不可替代的關鍵性作用，也為世界範圍內的防禦爭取了寶貴時間。

抗擊新冠肺炎疫情，彰顯中國的國家治理能力的巨大優越性

國家治理能力是國家制度的集中體現和有效運行。中國在這場罕見的抗擊新冠肺炎疫情鬥爭中的表現，之所以引起全球的關注和高度評價，一個根本原因是這場戰「疫」集中體現了中國的國家治理能力，特別是高效的社會動員力、組織力、協調力。與此同時，也集中體現了中國人民強大的凝聚力。

什麼叫高效的社會動員力？形象地説，就是「一呼百

應」。這種高效的社會動員力，體現在決策和貫徹的速度上，也體現在全社會各方面力量的迅速行動上。你看，當着新冠肺炎疫情來勢洶洶、短時間肆虐武漢之時，黨中央當機立斷，於農曆新年前夕緊急啟動一級響應機制，全國各地、全社會立即動員起來。廣大醫務工作者義無反顧、日夜奮戰，人民解放軍指戰員聞令而動、敢打硬仗，廣大人民群眾眾志成城、守望相助，廣大公安民警、疾控工作人員、社區工作人員等堅守崗位、日夜值守，廣大新聞工作者不畏艱險、深入一線，廣大志願者等真誠奉獻、不辭辛勞。正是黨中央的正確而又果斷的決策和人民群眾的高度覺悟，這兩個方面的「合力」形成了萬眾一心、眾志成城的抗疫局面。

　　什麼叫高效的組織力？形象地說，就是「井然有序」。這場戰「疫」是一項宏大的系統工程，而不只是醫藥衛生問題，涉及人、財、物、信息等全方位的工作，包括患者救治、科研攻關、物資保障、輿論引導、交通管制、社會隔離等方方面面，同時還要統籌疫情防控和經濟社會發展、國內防控疫情和組織國際援助並反擊一些人抹黑中國的惡劣行徑。只有把這方方面面的因素都有序地組織起來，才能形成全國各地、各行各業共同防控疫情的工作格局和強大合力。我們只要看一看自己生活的社區，為防止疫情蔓延，要把那麼多居民的外出和購物等活動嚴格管理好，談何容易？但是，在各級黨組織的領導下，居委會、社區工作人員、下沉幹部和忎願者共同努力，所有居民自覺配合，整個中國社會秩序井然。這是因為，中國特色社會主義制度是中國共產黨

實行全面領導的，而又按照民主集中制原則建構起來的制度，人民群眾都知道黨中央的決策是為了保護大家的生命安全和身體健康，各級黨組織都按照統一部署行動。因此，這種制度內在地具有強大的組織力，能夠全面動員人力，全方位調度資源，形成壯闊而強有力的抗疫人民戰爭、總體戰、阻擊戰態勢。

什麼叫高效的協調力？形象地說，就是「全國一盤棋」。這次抗擊新冠肺炎疫情，從一開始，習近平總書記就強調：「疫情防控要堅持全國一盤棋。各級黨委和政府必須堅決服從黨中央統一指揮、統一協調、統一調度，做到令行禁止。」可以說，堅持全國一盤棋，調動各方面積極性，集中力量辦大事，是這次打贏疫情防控阻擊戰的有力保證。這是因為，在中國，有兩個「制度法寶」，一是中國共產黨可以對一切工作實行全面領導，黨中央可以對各級黨委和政府實行統一指揮和調度，黨委可以總攬全局、協調各方，包括協調人大、政府、政協等同級機構；二是中國的國家結構形式實行的是單一制而不是美國那樣的聯邦制，國務院建立的聯防聯控機制可以根據中央應對疫情工作領導小組部署，對地方政府提出防控疫情的要求，包括可以對各地地方政府派出醫療隊、提供醫療設備馳援武漢和湖北其他地區提出要求。像全國各省醫療隊對口支援湖北，這只有中國的全國一盤棋、集中力量辦大事的舉國體制下才能做到。

在中國特色社會主義新時代，全國各族人民緊密地團結在以習近平同志為核心的黨中央周圍，同心同德，共克時

艱。我們在抗疫鬥爭中，看到了十四億中國人民的強大凝聚力。「一方有難，八方支援」「捨小家，為大家」「守望相助」歷來是中華民族的優良傳統。即使在抗疫初期有些困惑的人們，也抱着患難與共、共渡難關的思緒，期盼走過最困難的時刻。特別是當疫情暴發時，人民群眾見到廣大共產黨員在民族危難時刻身體力行的先鋒模範作用，更是對戰勝疫情充滿了信心。這就說明，一個制度，一個政黨，一個政府，要形成高效的社會動員力、組織力、協調力，不僅要靠嚴格的制度和制度的執行力，還要靠溫馨的情感和黨群之間、幹群之間、醫患之間、百姓之間的情感凝聚力。

抗擊新冠肺炎疫情，歸根到底彰顯了中國共產黨的堅強領導和領導制度的巨大優越性

這次防控疫情鬥爭，是對中國特色社會主義制度和國家治理體系的大考，是對中國的國家治理能力的大考，歸根到底，是對中國共產黨的大考，是對中國共產黨的領導和領導制度的大考。同時，也考出了「四個意識」「兩個維護」的重要性。

這場大考，考出了「核心」的極端重要性。在這場史無前例的戰「疫」行動中，習近平總書記全程親自指揮、親自部署。新冠肺炎疫情發生後，他時刻關注疫情變動態勢，跟蹤疫情蔓延形勢和防控工作進展情況，不斷作出口頭指示和批示，發表重要講話，把疫情防控作為頭等大事來抓。1 月

7 日，他就已經主持召開中央政治局常委會會議，對做好疫情防控工作提出了要求。就在那天晚上 21 時，我國科學家用核酸檢測方法檢出新型冠狀病毒陽性結果 15 例，並從 1 例陽性病人樣本中分離出該病毒（電鏡下呈現典型的冠狀病毒形態），獲得了它的全基因序列。1 月 20 日，武漢市衛健委通報 1 月 18 日和 1 月 19 日兩日該市新增確診病例 136 名（其中，18 日增 59 人，19 日增 77 人），專家也已經確定新冠病毒會「人傳人」。當日，習近平總書記專門就疫情防控工作作出指示，要求各級黨委和政府及有關部門把人民群眾生命安全和身體健康放在第一位，採取切實有效措施，堅決遏制疫情蔓延勢頭。國務院聯防聯控機制隨即召開電視電話會議，對新冠肺炎疫情防控工作進行全面部署。武漢市人民政府發佈「封城」令後，1 月 24 日，習近平總書記就命令軍隊抽組醫療隊馳援武漢。1 月 25 日，大年初一，習近平總書記又主持中央政治局常委會會議，對疫情防控工作進行了再研究、再部署、再動員。之後，習近平總書記又先後主持召開多次中央政治局常委會會議、中央政治局會議，專題研究疫情防控工作；還主持召開中央全面依法治國委員會、中央網絡安全和信息化委員會、中央全面深化改革委員會、中央外事工作委員會等會議，從不同角度對做好疫情防控工作提出要求、作出部署。與此同時，他針對抗疫鬥爭各個階段的進展情況，先後到北京市調研基層疫情防控工作情況，到軍事醫學研究院、清華大學醫學院考察新冠肺炎疫情防控科研攻關工作，主持召開統籌推進新冠肺炎疫情防控和經濟社會發展

工作部署會議。打贏這場戰「疫」，還需要國際社會的理解和支持。他密集與國外政要和國際組織領導人通電話、通信和會面，介紹中國疫情防控的進展，傳遞中國的信心。

這場大考，考出了中國共產黨的強大領導力。在以習近平同志為核心的黨中央領導下，成立了由中央政治局常委、國務院總理李克強為組長的應對新冠肺炎疫情工作領導小組，及時研究部署工作；國務院建立了由各部委參加的應對新冠肺炎疫情聯防聯控機制，加強統籌協調；中央向湖北派出了由中央政治局委員、國務院副總理孫春蘭帶領的中央指導組。與此同時，中共中央還印發了《關於加強黨的領導、為打贏疫情防控阻擊戰提供堅強政治保證的通知》；提出了「堅定信心、同舟共濟、科學防治、精準施策」的總要求，及時制定疫情防控戰略策略。在抗疫決戰決勝的關鍵時刻，習近平總書記又專程赴湖北省武漢市考察疫情防控工作，強調湖北和武漢是這次疫情防控鬥爭的重中之重和決勝之地，經過艱苦努力，湖北和武漢疫情防控形勢發生積極向好變化，取得階段性重要成果，但疫情防控任務依然艱巨繁重。越是在這個時候，越是要保持頭腦清醒，越是要慎終如始，越是要再接再厲、善作善成，繼續把疫情防控作為當前頭等大事和最重要的工作，不麻痺、不厭戰、不鬆勁，毫不放鬆抓緊抓實抓細各項防控工作，堅決打贏湖北保衛戰、武漢保衛戰。為了統籌兼顧防疫和經濟這兩大頭工作，黨中央還召開視頻會議，並採取一系列措施，推動有序復工復產等工作。這一切，都顯示了黨中央強大的領導力。

　　這場大考，還考出了中國共產黨的領導制度的優越性。新冠肺炎疫情暴發後，世界各國都注意到中國共產黨的決策能夠從地方到基層，層層得到貫徹落實。其奧祕就在於中國共產黨有健全的組織體系和領導制度。在中國，從中央到地方、再到基層包括企業（國有企業、民營企業、外資企業）、鄉村、社區、學校、社會組織，都有黨組織和健全的組織系統。就是在武漢抗疫前線各個地方馳援的醫療隊裏也建立了臨時黨組織。各個層級的各個部門和單位的黨組織都是按照民主集中制的原則組織起來的，遵循黨員個人服從黨的組織、少數服從多數、下級組織服從上級組織、全黨各級組織和全體黨員服從黨的全國代表大會和中央委員會的原則開展工作。而且，各個層級的各個部門和單位的黨組織，平時都是這個層級的部門和單位群眾的政治核心。因此，只要中央一聲令下，各個組織就會像一架機器立即啟動，各個組織的政治核心作用就會立即發揮強大的影響力和組織力。比如，上海首批援鄂醫療隊隊長鄭軍華説：「在武漢工作的日子，上海市委市政府領導定期與前線視頻連線，詳細了解醫療救治進展、物資後勤保障、關切詢問日常生活情況。」上海華山醫院副院長馬昕也説：「雖然離家很久，卻仿佛沒離開過，有市委市政府作為家一般的大後方的支持，我們在前線義無反顧。後方做了最好的安排，照料了我們的家人，讓前線戰士沒有後顧之憂！」上海瑞金醫院副院長胡偉國説：「當我們抵達武漢時，城市猶如睡着了，看到的是醫療裝備和物資不足的困境，看到的是一批批病危的重症患者……」最艱難時，

最缺乏信心時，是市委市政府通過前方指揮部，予以前線充分的指導和關愛。為醫療設備、防護物資不足擔憂時，一批批呼吸機、監護儀、防護服送來了；思念家鄉、想念親人時，一道道「上海的味道」送來了；在疫區面對種種困難、情緒波動時，安撫緊繃情緒的心理醫生派來了。外國朋友常問什麼叫「黨的領導」，讀一讀上海《解放日報》報道的這個事例，就可以懂得中國的黨組織是怎樣在防控疫情時發揮核心作用的。

中國共產黨是十分清醒的馬克思主義政黨。這種清醒，不僅表現在制度自信上，而且表現在對制度還要進一步完善和發展的深刻思考上。在這次抗擊新冠肺炎疫情的鬥爭中，中國共產黨同樣保持這樣的清醒，既看到了中國制度的優勢，也注意到了中國制度還有許多需要進一步解決的問題。正如習近平總書記深刻指出的：「這次疫情是對我國治理體系和能力的一次大考，我們一定要總結經驗、吸取教訓。」他用十分明確的語言告誡我們：「在這次應對疫情中，暴露出我國在重大疫情防控體制機制、公共衛生應急管理體系等方面存在的明顯短板。」這就是中國共產黨人難能可貴的清醒。

第三章

中國制度與堅定「四個自信」

　　我們研究中國特色社會主義制度和治理體系，不僅是
為了在堅持和鞏固這一制度和治理體系的同時，更好地完善
和發展這一制度和治理體系，而且是為了讓全黨和全國各族
人民更自覺地堅定對中國特色社會主義的道路自信、理論自
信、制度自信、文化自信。因此，黨的十九屆四中全會通過
的決定，在全面論述了我國國家制度和國家治理體系具有
十三個方面的「顯著優勢」後，深刻地指出：「這些顯著優勢，
是我們堅定中國特色社會主義道路自信、理論自信、制度自
信、文化自信的基本依據。」這是一個極其重要的科學論斷。

「四個自信」來自中國人民制度求索的歷史實踐

　　「四個自信」，是對中國特色社會主義的道路自信、理論
自信、制度自信、文化自信的簡稱。由於中國特色社會主義
制度是中國特色社會主義道路、理論、文化在制度層面的集
中體現，因此，在某種意義上，可以說對中國特色社會主義
道路、理論、文化的自信必然會聚焦到對中國特色社會主義
制度的自信上。我們值得自信的制度，不是憑空形成的，也
不是誰主觀設定的，而是從我們自己長期的實踐探索中形成
和完善的，由此決定了對中國特色社會主義制度的自信也來
自中國人民長期的制度求索實踐。

　　毛澤東在《論人民民主專政》中描述過中國人向西方尋
找真理的過程。「那時，求進步的中國人，只要是西方的新道

理，什麼書也看。」但是，「中國人學西方的迷夢」最後都在
殘酷的現實面前被打破了。比如，民國初年，中國就搞過總
統制、多黨制、議會制、內閣制。1912—1914 年間，政黨竟
有 682 個之多，形成了黨派林立的局面。1913 年 3 月，在國
會召開前夕，袁世凱派人一槍打死了熱衷於議會政治的國民
黨元老宋教仁，徹底擊碎了中國人學西方的政治制度夢。

抗日戰爭勝利前夕，中國共產黨提出了抗戰勝利後建立
「聯合政府」的政治主張，國民黨提出了獨裁專制的政治主
張。但現在向我們喋喋不休推銷「民主制」的一些西方國家，
並沒有支持中國共產黨的民主建國方案，而支持國民黨的獨
裁專制建國方案，甚至支持國民黨打內戰，消滅共產黨。中
國共產黨為了人民民主的理想，一如既往，不改初衷。在解
放戰爭戰場上取得軍事優勢後，1948 年發表了著名的「五一」
口號，邀請各民主黨派、各人民團體、各社會賢達召開政治
協商會議，討論並實現召集人民代表大會，成立民主聯合政
府。在籌劃建立新中國的進程中，毛澤東提出了建立人民民
主專政的政治主張。中國共產黨提出的人民民主專政建國綱
領，就是這樣，在人民大革命的實踐中形成的。根據這一綱
領，1949 年 9 月 21 日，中國人民政治協商會議召開，形成了
中國共產黨領導的多黨合作和政治協商制度。在民主建政、
協商建國進程中，1949 年 10 月 1 日，中華人民共和國宣告成
立。在人民解放戰爭結束並完成了土地改革和恢復國民經濟
後，1954 年 9 月 15 日，第一屆全國人民代表大會第一次會議
在北京隆重開幕。這標誌着人民代表大會制度這一根本政治

制度的誕生。這次人民代表大會，還通過了《中華人民共和國憲法》和一系列重要的法律，標誌着中國法治體系建設的起步。與此同時，憲法根據新中國建立以來的經驗，決定把民族區域自治確立為基本國策和基本政治制度。從新中國成立到全國人民代表大會的召開，是中國政治制度建立健全的開端。我們今天的中國特色社會主義政治制度，就是在這樣的創造性實踐中起步並逐步形成的。這一開端，給中國人民的啟示就是我們建立的政治制度是能夠保障民族獨立和人民解放的，我們對這一政治制度充滿了自信。

在從新民主主義到社會主義的轉變進程中，中國共產黨創造性地開闢了一條適合中國特點的社會主義改造道路。中國共產黨創造了對資產階級的和平贖買、對農業和手工業的分步驟過渡等經驗，在中國建立起了社會主義經濟基礎，成功實現了中國歷史上最深刻最偉大的社會變革。特別是，中國共產黨領導的改革開放這場新的革命，為鞏固和完善我們的社會主義經濟制度，建構了公有制為主體、多種所有制經濟共同發展的基本經濟制度，建立了社會主義市場經濟體制。我們今天的中國特色社會主義經濟制度，就是這樣在改革創新中建立健全起來的。從完成對生產資料私有制社會主義改造，到在改革開放中建立起包括社會主義市場經濟體制的中國特色社會主義基本經濟制度，我們經歷的每一個階段都來之不易，同時都對中國人民帶來了福祉。與此同時，我們還在改革開放中建立了基層群眾自治制度；完善了政治體制、文化體制、社會體制、生態文明體制等各項具體制度。我們講改革開放為形成和完善中國社會主義制度作出歷史性

貢獻，講的就是改革開放是造福中國人民的，講的就是中國特色社會主義制度是造福中國人民的。中國人民就是從這樣的感受中，對中國特色社會主義制度充滿了自信。

重溫中國特色社會主義制度這一形成和發展的歷史，我們可以清楚地看到，中國的制度不是誰恩賜給我們的，而是中國人民在中國共產黨領導下持續探索中逐步建立和完善起來的；中國人民對中國特色社會主義道路、理論、制度、文化的自信不是誰編造出來的，而是中國人民從制度求索的實踐中體驗到的。這就是我們堅定「四個自信」的根本原因。

「四個自信」來自中國制度創造中國奇蹟的偉大實踐

一個人也好，一個政黨也好，一個民族也好，一個國家也好，要實現自己的夢想，要做成一件事，最重要的，就是要有自信。這種自信，當然不是自悲，但也不是自大，而是對自己優勢的正確認知，是對自己發展方向和前途命運的堅定信心。堅定「四個自信」，概括地講，就是要堅定對中國特色社會主義的自信。中國特色社會主義是一項亙古未有的偉大事業，我們將在中國特色社會主義事業的推進中實現中國現代化和中華民族偉大復興，同時也必須準備進行許多具有新的歷史特點的偉大鬥爭。正因為如此，我們更要堅定對中國特色社會主義的自信，包括道路自信、理論自信、制度自信、文化自信。

實踐是檢驗真理的唯一標準，自信的基礎在於成功實踐。我國國家制度和國家治理體系為政治穩定、經濟發展、文化繁榮、民族團結、人民幸福、社會安寧、國家統一提供了有力保障。正是依靠我國國家制度和國家治理體系的顯著優勢，我們黨帶領全國人民在實踐中創造了經濟快速發展和社會長期穩定「兩大奇蹟」。這些奇蹟，體現在國家和社會的歷史性變革上，體現在每個家庭生活的顯著改善上。這些奇蹟，是中國人民在中國共產黨領導下創造出來的，是充分發揮我國國家制度和國家治理體系的顯著優勢創造出來的。可以這樣說，正是中國國家制度和國家治理體系的「顯著優勢」，結出了「中國奇蹟」之果。今天中國人民對中國特色社會主義之所以充滿自信，就在於我們大家都經歷了「中國奇蹟」的創造過程，都享受到了「中國制度」創造的「中國奇蹟」及其帶給自己的實惠和幸福生活。今天，全黨全國人民之所以對中國特色社會主義充滿自信，就在於我們經歷了「兩大奇蹟」的創造過程，享受了堅持中國特色社會主義制度帶來的幸福生活。

實踐最有說服力。制度好不好，要看事實，要看中國人民的判斷，而不是看那些戴着有色眼鏡的人的主觀臆斷。正如習近平總書記在莫斯科國際關係學院演講時所說的：「鞋子合不合腳，自己穿了才知道。」實踐是最權威的，除此之外，沒有什麼更能夠打動十幾億中國人民的心弦。正是通過創造「兩大奇蹟」的偉大實踐，我們不斷加深了對中國特色社會主義科學性和真理性的認同，不斷堅定了「四個自信」。正如馬克思所說的：「人應該在實踐中證明自己思維的真理性，即

自己思維的現實性和力量,自己思維的此岸性。」[1]堅定「四個自信」,是在實踐證明自己思維真理性的進程中建立起來的,不是說說就可以建立起來的,而是在給人民生活帶來積極變化的實踐中建立起來的。對於廣大人民群眾來說,他們對於中國特色社會主義的自信,就來自他們在生活中的切身體會,來自他們在生活中看到國家日新月異的變化,來自他們在實踐中對中國特色社會主義真理性的認同。

　　總之,自信的基礎在實踐及其取得的成效。「四個自信」不是從天上掉下來的,也不是人們頭腦裏固有的,就來自中國制度創造中國奇蹟的偉大實踐。正因為中國制度和治理體系在實踐中創造了世所罕見的「中國奇蹟」,所以,我們說這一制度和治理體系的顯著優勢是我們堅定「四個自信」的基本依據。

「四個自信」來自中國制度和治理體系的顯著優勢

　　自信往往是在相比較中形成的。相比較才能分出高低優劣。「優勢」「劣勢」是同「比較」相聯繫的概念。同其他國家的制度相比較,中國制度是個「新事物」;在自己的歷史比較中,中國人民感受到中國制度是個「好事物」。習近平總書記曾經概括過中國人民的這種感受,深刻地指出:「中國特色

1　《馬克思恩格斯選集》第 1 卷,人民出版社 2012 年版,第 134 頁。

社會主義制度是當代中國發展進步的根本制度保障,是具有鮮明中國特色、明顯制度優勢、強大自我完善能力的先進制度。」對中國特色社會主義的「四個自信」,直接來自對中國制度和治理體系顯著優勢的認識和認同。

我們都知道,新中國成立以來,特別是改革開放以來,我們已經在新舊制度的變革和體制改革中建立了一個中國特色社會主義的科學制度體系。黨的十八屆三中全會提出要完善和發展中國特色社會主義制度,推進國家治理體系和治理能力現代化以來,我們進一步建構了一個中國共產黨實行全面領導的民主集中型的國家治理體系。這一制度和治理體系的優越性十分明顯,使得新中國建立的政治大國正在迅速成為政治經濟大國,我們在世界範圍綜合國力競爭中的國際地位明顯上升。黨的十九屆四中全會強調指出,中國特色社會主義制度和國家治理體系具有十三個方面的「顯著優勢」。這十三個方面顯著優勢,前三個講的就是黨的集中統一領導、人民當家作主、全面依法治國的制度優勢。其他各個方面的制度優勢,包括政治、經濟、文化、社會、生態文明、軍事、外交等方面的制度優勢,都是在堅持黨的領導、人民當家作主、依法治國相結合的制度優勢下形成的。這些顯著優勢,不僅證明我國的國家制度和治理體系行得通、真管用、有效率,而且證明我國的國家制度和治理體系能夠實現人民當家作主、維護最廣大人民根本利益,能夠解決人民疾苦,深得人民擁護。這就為堅定人們對中國特色社會主義的「四個自信」奠定了堅實基礎。

　　我們作為改革開放的過來人，都知道改革開放起步之時，許多人或由於自己的人生經歷，或由於「文化大革命」造成的家庭變故，或由於西方各種思潮的影響，或由於片面追求物質利益，加上我們放鬆了思想政治教育，出現了理想信念動搖、資產階級自由化思潮乘虛而入並泛濫起來等問題。那個時候，我們開展堅持四項基本原則教育，是十分困難的。鄧小平當年說過：「最終說服不相信社會主義的人要靠我們的發展。」[1]隨着改革開放的推進和不斷深化，人們從中國特色社會主義制度日益完善並顯示出越來越明顯優勢的大量事實中，對我們的道路、理論、制度、文化的自信越來越增強。特別是，伴隨着社會主義市場經濟取代傳統的計劃經濟，以公有制為主體的多種所有制經濟共同發展的基本經濟制度取代全民所有制和集體所有制兩種公有制的經濟制度，全方位對外開放並參與經濟全球化的開放型經濟取代封閉和半封閉的經濟，社會主義民主取代了權力過分集中，社會主義法治取代了官僚主義和無政府主義，經濟、政治、文化、社會和生態文明建設「五位一體」的總佈局更新了原有的發展佈局，諸如此類重大的制度改革舉措，加上堅定不移開展反腐敗鬥爭，為解放和發展社會生產力、解放和增強社會活力、永葆黨和國家生機活力提供了有力保證，為保持社會大局穩定、保證人民安居樂業、保障國家安全提供了有力保證，為放手讓一切勞動、知識、技術、管理、資本等要素的

1　《鄧小平文選》第 3 卷，人民出版社 1993 年版，第 204 頁。

活力競相迸發，讓一切創造社會財富的源泉充分湧流不斷建立了充滿活力的體制機制。可以這樣說，對比改革開放初期人們的思想政治傾向，現在人們對中國特色社會主義的「四個自信」大大增強了。

大量事實證明，自信的依據在對自身優勢的認知。如前所說，中國特色社會主義制度是中國特色社會主義道路、理論、文化在制度層面的集中體現，十四億中國人民正是從中國特色社會主義制度和國家治理體系的顯著優勢中增強了對中國特色社會主義的自信。所以，我們說這一制度和治理體系的顯著優勢是我們堅定「四個自信」的基本依據。

「四個自信」來自中國制度集中體現的 對「三大規律」的科學把握

我們講要堅定對中國特色社會主義的道路自信、理論自信、制度自信、文化自信，不是盲目的自信，而是科學的自信。科學的自信，就是建立在對客觀規律的科學認識上的自信，就是對共產黨執政規律、社會主義建設規律、人類社會發展規律的科學把握上的自信。

之所以這樣說，是因為中國特色社會主義是由道路、理論、制度、文化四位一體構成的，它們統一於中國特色社會主義實踐，集中體現和反映了這一偉大實踐所揭示的共產黨執政規律、社會主義建設規律、人類社會發展規律。中國共

產黨人是用辯證唯物主義和歷史唯物主義武裝起來的,能夠自覺在「實事」中「求是」,能夠自覺按照規律性的認識去改造世界的馬克思主義政黨。中國特色社會主義就是在中國共產黨領導中國人民,在探索共產黨執政規律、社會主義建設規律、人類社會發展規律這「三大規律」的創造性實踐中提出和發展起來的。具體地說,中國特色社會主義道路,是在探索這「三大規律」中形成的中國特色社會主義的實踐路徑;中國特色社會主義理論,是中國特色社會主義實踐所揭示的這「三大規律」的科學反映,又是中國特色社會主義實踐的行動指南;中國特色社會主義制度,是在中國特色社會主義理論指導下的實踐及其已見成效的方針政策的規範化和程序化,內在包含了對這「三大規律」的認識;中國特色社會主義文化,也反映了這「三大規律」的認識,主要是貫穿於中國特色社會主義道路、理論和制度中的價值觀,是這一道路、理論和制度中更基本、更深沉、更持久的力量。也就是說,中國特色社會主義道路、理論、制度、文化都是在中國共產黨領導中國人民探索這「三大規律」的進程中形成的,是這「三大規律」的體現和反映。

在中國特色社會主義道路、理論、制度、文化中,制度又是中國特色社會主義道路、理論、文化的集中體現。可以這樣說,中國制度和治理體系的顯著優勢,也集中體現了中國道路、理論、文化的顯著優勢。說到底,中國制度和治理體系的顯著優勢就是合乎共產黨執政規律、社會主義建設規律、人類社會發展規律這「三大規律」的實踐結出的制度文

明之花。比如,「堅持黨的集中統一領導,堅持黨的科學理論,保持政治穩定,確保國家始終沿着社會主義方向前進的顯著優勢」,集中體現了對共產黨執政規律的科學把握;「堅持全國一盤棋,調動各方面積極性,集中力量辦大事的顯著優勢」,集中體現了對社會主義建設規律的科學把握;「堅持獨立自主和對外開放相統一,積極參與全球治理,為構建人類命運共同體不斷作出貢獻的顯著優勢」,集中體現了對人類社會發展規律的科學把握。

從上述關於中國特色社會主義道路、理論、制度、文化和「三大規律」的關係,關於中國特色社會主義制度和道路、理論、文化的關係以及中國制度和「三大規律」的關係中,我們可以深刻地認識到,中國國家制度和治理體系的顯著優勢不僅在於它是中國特色社會主義的道路探索、理論創立、文化發展中的所有優勢在制度建構中的集中體現,而且在於它是我們在實踐中認識到的共產黨執政規律、社會主義建設規律、人類社會發展規律這「三大規律」在制度中的集中體現。也就是說,這一制度和治理體系的顯著優勢體現的是合規律性認識的優勢。在這個意義上,我們完全可以說,我們對中國特色社會主義道路、理論、制度、文化的自信,是建立在對這「三大規律」上的自信。

總之,我們在中國特色社會主義偉大實踐中對共產黨執政規律、社會主義建設規律、人類社會發展規律這「三大規律」的科學把握,既是中國制度和治理體系具有顯著優勢的根本基石,也是我們堅定「四個自信」的基本依據。

在制度建設和治理能力建設中進一步堅定「四個自信」

今天，世界正經歷百年未有之大變局，中華民族處在民族復興的關鍵時期。要實現黨的十九大確定的現代化宏偉藍圖，就要在推進制度建設和治理能力建設進程中把我國制度優勢更好轉化為國家治理效能，進一步發揮中國制度和治理體系的強大生命力和巨大優越性，從而進一步增強和堅定「四個自信」。

首先，只有加強制度建設和治理能力建設，並把我國制度優勢更好轉化為國家治理效能，彰顯中國特色社會主義制度的巨大優越性，才能進一步增強「四個自信」。須知，制度是我們在實踐中積累的成功經驗包括制定的正確政策的規範化、程序化。而治理則是制度的集中體現和有效運行。有了好的制度，如果不能有效運行，這種制度等於一紙空文，毫無用處。我們現在在各個領域大多已經有較好的制度，但是有的成效顯著，有的成效還不十分顯著，有的成效尚未顯示出來，這就要求我們進一步加強制度建設和治理能力建設，使得好的制度能夠有效運行並顯示其成效。習近平總書記強調要解決「最後一公里」的問題，就是要讓我們那些好制度能夠有效運行起來，並堅持到底，直到讓人民群眾體會到這一制度的優越性。因此，確立了好的制度還不夠，還要把它轉化為國家治理效能。只有廣大人民群眾親眼看到、親身感受到中國特色社會主義制度和國家治理體系的優越性，才能

從內心油然而生「四個自信」。黨的十九屆四中全會用一次中央全會專門研究國家制度和國家治理體系問題並作出決定，在我們黨的歷史上具有開創性、里程碑意義。貫徹落實黨的十九屆四中全會精神，一個重要方面就是嚴格遵守和堅決執行中央的決定，並付諸實施，努力把國家制度和國家治理體系的顯著優勢轉化為顯著效能，為堅定「四個自信」奠定堅實基礎。

其次，只有加強制度建設和治理能力建設，並在世界範圍綜合國力競爭中贏得越來越大的相比較優勢，提升中國在國際社會的地位，才能進一步增強「四個自信」。歷史經驗，包括正反兩個方面的經驗告訴我們，對於像中國這樣的大國，要讓十四億人民對我們的國家和事業充滿自信，一個十分重要的因素，在於中國的國際地位特別是中國在世界範圍內綜合國力競爭中的地位。我們在增強「四個自信」的鬥爭中，必須既腳踏實地立足中國現實，又放眼世界把握時代潮流，在努力做好自己事情的同時，為世界作出更多更大的貢獻。特別是，要瞄準關係人類命運的前沿性的問題，從量到質，一步一個腳印地趕超，在世界範圍綜合國力競爭中贏得越來越大的相比較優勢。而要達到這個目標，必須有制度保證。只有努力貫徹落實黨的十九屆四中全會精神，把國家制度和國家治理體系的顯著優勢轉化為顯著效能，才能在中國贏得綜合國力競爭優勢的進程中，在中華民族巍然屹立於世界民族之林的進程中，進一步增強「四個自信」。

再次，只有加強制度建設和治理能力建設，並在世界各

國文明交流互鑒中讓更多的人喜歡中國，增強中國在世界上的話語權和軟實力，才能進一步增強「四個自信」。經過新中國成立以來特別是改革開放以來的持續奮鬥，我們已經解決了「落後捱打」「貧窮捱餓」的問題。現在，擺在我們面前的一個突出的問題是，還要進一步解決「失語捱罵」的問題。要解決這個問題，就要在世界各國文明交流互鑒中增強中國在世界上的話語權和軟實力，讓全世界更多的人喜歡中國、認同中國。中華民族本來就有悠久的歷史和文明傳統，改革開放以來又廣交朋友，以最開放的心態向世界學習，今天的中國已經具備過去所沒有的條件，可以在同世界廣泛交流中形成我們的話語權，增強我們的軟實力。這幾年，我們提出的「中國和平崛起」和「中國和平發展道路」「人類命運共同體」等話語，已經為國際社會廣泛接受。只要我們在制度建設和治理能力建設上再加一把力，特別是在堅持和完善繁榮發展社會主義先進文化的制度上再加一把力，就能夠在增強中國在世界上的軟實力進程中，在中國和中國人民獲得世界進一步尊重的同時進一步增強我國人民的「四個自信」。

　　總之，一句話，我們今天和未來的任務，就是要以制度建設為主線，進一步發揮中國特色社會主義制度和國家治理體系的強大生命力和巨大優越性，實現中華民族從「站起來」「富起來」到「強起來」的歷史性偉大飛躍。到那時，如同鄧小平預言的那樣，我們就可以用更加有力的事實說服那些今天還不相信社會主義的人們。到那時，我們就能夠在全體人民中更加牢固地堅持和恪守「四個自信」。

後　記

　　按照原定寫作計劃，這本書就要完稿了。在這裏，還有幾句話要交代，特寫了這篇後記。

　　這本書是根據人民出版社陳光耀同志的一個建議寫的。2019年 11 月 19 日，我接到他的來電，希望我圍繞制度建設這個主題寫一本小書。我感到自己難以承擔如此重要的任務，時間也不夠，想推掉這個任務。在電話交談中，我無意中説到最近在一個理論研討會上做過一個《中國奇蹟來自於中國制度和治理體系的強大生命力和巨大優越性》的發言。他説，這個題目就很好，而且我注意到你最近發表了一些與制度建設相關的文章，可以把這些文章分專題進行整理後出版。我想，這是一個好主意，就答應了。後來，我百歲老岳母去世，我去上海奔喪。接着，又去江西考察，這件事遲遲沒有啟動。大約 12 月下旬，光耀同志又來電話，催促要書稿，於是我從 12 月 30 日開始動筆，擬提綱寫作。所以，在這裏首先要感謝光耀同志，是他的努力、再努力，才有這本小書。

　　根據光耀同志的建議，這本小書主要是由我發表過的關於制度建設和治理體系、治理能力建設的一些文章串編而成的。同

時，也吸收了為慶祝改革開放四十周年和慶祝新中國成立七十周年而寫的幾篇相關文章。所謂「串編」，就是把這些文章根據其主題和寫作提綱的需要，在匯編時作了一些必要的調整。因此，在串編時，許多地方採用了第一人稱「我」的寫法。當然，各篇文章中會有一些重複的內容，在串編時我根據寫作需要做了必要的刪節，同時增寫了一些新的內容。儘管如此，在成書後還可以看到少許重複的地方。希望讀者能夠諒解。

2020 年 3 月 11 日於北京昆玉河畔得心齋

2020 年 4 月 15 日增補了第二部分第 12 節

中國奇蹟與中國制度

李君如　著

責任編輯　徐嘉雷　李茜娜
裝幀設計　鄭喆儀
排　　版　黎　浪
印　　務　劉漢舉

出版　　開明書店
　　　　香港北角英皇道 499 號北角工業大廈一樓 B
　　　　電話：（852）2137 2338　傳真：（852）2713 8202
　　　　電子郵件：info@chunghwabook.com.hk
　　　　網址：http://www.chunghwabook.com.hk

發行　　香港聯合書刊物流有限公司
　　　　香港新界荃灣德士古道 220-248 號
　　　　荃灣工業中心 16 樓
　　　　電話：（852）2150 2100　傳真：（852）2407 3062
　　　　電子郵件：info@suplogistics.com.hk

印刷　　美雅印刷製本有限公司
　　　　香港觀塘榮業街 6 號 海濱工業大廈 4 樓 A 室

版次　　2022 年 12 月初版
　　　　© 2022 開明書店

規格　　32 開（210mm×145mm）

ISBN　　978-962-459-273-3